Heinz Lamprecht

Mastzellenfreundliche und histaminarme Küche

Herzlichen Dank an alle, die an diesem Buch mitgewirkt haben oder mit einer Spende dessen Teilfinanzierung ermöglicht haben. Ein besonderer Dank gilt:

Lektorat: Brigitte Lamprecht, Dr. Cornelia Blanke
Korrektorat: Priska Lamprecht, Willi Lamprecht
Rezeptideen: Dr. Cornelia Blanke, Claudia Stierli, Marie-Anne Scherrer
Umschlaggestaltung: Dagmar Bense

Mastzellenfreundliche und histaminarme Küche

Diätanleitung und Rezeptsammlung der Schweizerischen Interessengemeinschaft Histamin-Intoleranz (SIGHI)

von Heinz Lamprecht

2. Auflage, Juni 2020

Impressum:

© 2020 Heinz Lamprecht

2. Auflage, Juni 2020

Titel: Mastzellenfreundliche und histaminarme Küche
Diätanleitung und Rezeptsammlung der Schweizerischen
Interessengemeinschaft Histamin-Intoleranz (SIGHI)
Autor: Heinz Lamprecht
Illustration: Heinz Lamprecht, Claudia Stierli
Umschlaggestaltung: Dagmar Bense
Lektorat: Brigitte Lamprecht, Dr. Cornelia Blanke
Korrektorat: Priska Lamprecht, Willi Lamprecht
Rezeptideen: Heinz Lamprecht, Dr. Cornelia Blanke, Claudia Stierli, Marie-Anne Scherrer
Herausgeber: Schweizerische Interessengemeinschaft Histamin-Intoleranz (SIGHI)
Verlag: Heinz Lamprecht, Sackstr. 2, 8460 Marthalen, Switzerland
Druck: Designpress GmbH, Benzstr. 39, 71272 Renningen, Germany
Papier: Bilderdruckpapier 90 g/m^2 aus chlorfrei gebleichtem nachhaltigem Zellstoff
Internetpräsenz: www.mastzellaktivierung.info | www.histaminintoleranz.ch

ISBN Hardcover: 978-3-907306-01-7

Das Werk, einschließlich seiner Teile, ist urheberrechtlich geschützt. Jede Verwertung ist ohne Zustimmung des Verlages und des Autors unzulässig. Dies gilt insbesondere für die elektronische oder sonstige Vervielfältigung, Übersetzung, Verbreitung und öffentliche Zugänglichmachung.

Vorwort

Liebe Leserin, lieber Leser,

wurden Sie kürzlich mit der Diagnose „Histamin-Intoleranz (HIT)" oder „systemisches Mastzellaktivierungssyndrom (MCAS)" konfrontiert? Möchten Sie versuchsweise ausprobieren, wie weit Ihre gesundheitlichen Beschwerden unklarer Ursache mit einer Histamin-Eliminationsdiät beeinflussbar sind? Dann stehen Sie vor der großen Herausforderung, Ihre Ernährungsgewohnheiten radikal umstellen zu müssen. Die Auswahl an verträglichen Zutaten ist jedoch stark eingeschränkt, Rezeptideen sind rar. Bei vielen kommt erschwerend hinzu, dass sie bisher kein großes Interesse am Kochen hatten und wegen Berufstätigkeit oder anderen Verpflichtungen auch nicht beliebig viel Zeit finden, um Tag für Tag jede einzelne Mahlzeit selbst frisch zuzubereiten.

Diese Sammlung mit überwiegend schnell und einfach umsetzbaren Rezepten für den Alltag soll die komplizierte Ernährungsumstellung erleichtern. Die reiche Auswahl verträglicher Rezepte kann eine abwechslungsreiche, schmackhafte und ausgewogene Ernährung sicherstellen. Indem hier auch die zahllosen Liberatoren von Mastzellmediatoren gemäß SIGHI-Verträglichkeitsliste berücksichtigt werden, ist dieses Buch wohl deutlich restriktiver als die meisten anderen Histamin-Kochbücher. Dies schränkt zwangsläufig die verbleibenden Möglichkeiten stark ein. Die gute Verträglichkeit und die Einfachheit der Mahlzeiten genießen somit in diesem Buch den Vorrang gegenüber Zutatenvielfalt und Originalität. Nebst Rezepten für ganze Mahlzeiten wird hier auch für Anfänger und Kochmuffel von Grund auf erklärt, wie man einzelne Komponenten (ein einzelnes Gemüse, eine Stärkebeilage, Fleisch, eine Soße) zubereitet, damit man diese nach Belieben zu immer wieder etwas anderen Mahlzeiten kombinieren kann.

Ich wünsche Ihnen viel Freude am Kochen und Essen, gutes Gelingen, einen guten Appetit und viele beschwerdefreie Tage!

Heinz Lamprecht

Inhalt

Einführung	15
Für schlechte Tage	37
Frühstück	43
Saucen, Dips, Bouillon	49
Suppen	67
Salate, Salatsaucen	75
Fleisch & Fisch	89
Stärkebeilagen	99
Gemüsebeilagen	111
Hauptmahlzeiten	125
Reiseproviant, Picknick	153
Partysnacks, kaltes Buffet	159
Backwaren	165
Desserts, Süßspeisen	191
Anhang	203

Einführung — 15

Abkürzungen und Definitionen 16
Mastzellaktivierungssyndrom, Histaminose 18
Vorgehen bei der Ernährungsumstellung 19
Eignung der Rezepte 23
Grundregeln für den Koch 25
Beispiele unverträglicher Lebensmittel 26
Kleine Lebensmittelkunde 30
Küchentipps 35

Für schlechte Tage — 37

Reis-Diät 38
Kartoffel-Reis-Diät: Salzkartoffeln gewässert 39
Reis, leicht gesüßt 39
Putenbrust, Reis/Kartoffeln, Eisbergsalat/Kohl 40
Putenbrust, Salzkartoffeln, Blumenkohl/Spargel 41
Maroni, gekocht 41

Frühstück — 43

Müslivariationen 44
Frühstücksreis 45
Hirsebrei mit frischem Obst 46
Butterbrot, Konfitürenbrot, Honigbrot 46
"Schokodrink": Hanfproteinpulver statt Kakao 47
Rösti 48
Milchreis 48
Grießbrei aus Dinkel- / Hirsegrieß 48
Maroni, gekocht 48

Saucen, Dips, Bouillon — 49

Béchamel Sauce (Grundrezept für weiße Saucen) 50
Weiße Schinkensauce 51
Safransauce 51
Kräutersauce 51

Paprika-Rahmsauce 52

Süß-saure gelbe Curcuma-Sauce 52

Sauce Hollandaise 53

Sauce Béarnaise 54

Gemüse-Frischkäse-Pastasauce 55

Ajvar, mild (eingemachtes Paprikapüree) 56

Kürbispesto 57

Dip-Saucen: Grundrezept 58

Kräuter-Dip 59

Schnittlauch-Dip 59

Curcuma-Dip 59

Minzen-Dip 59

Paprika-Dip 60

Paprika-Dip, einfach 60

Zaziki-Dip, Tsatsiki-Dip 61

Gemüsebrühe, kinderleicht selbst gemacht 62

Gemüsebouillon-Pulver 63

Bratensauce, Fleischbouillon 65

Suppen 67

Gemüsesuppe mit Quarkklößchen 68

Zucchinisuppe 69

Broccolicremesuppe 70

Karottensuppe 71

Kürbissuppe 72

Rote-Bete-Suppe, Randensuppe 73

Gazpacho 74

Salate, Salatsaucen 75

Salatdressing: Auswahl möglicher Zutaten 76

Dressing Minimalvariante 77

Grundrezept "Italian Dressing" 78

Weißes Salatdressing, dickflüssig 78

Grüner Blattsalat 79

Gemischter Salat 79
Fenchelsalat 80
Gurkensalat 80
„Griechischer Salat" 81
Karottensalat 81
Chinakohlsalat 82
Blumenkohlsalat 82
Hähnchenfilet auf Feldsalat / Nüsslisalat 83
Lauwarmer Spargel-Broccoli-Salat 84
Kartoffelsalat 85
Rote-Bete-Salat, Randensalat 85
Weißkohlsalat, Krautsalat, Coleslaw 86
Krautsalat, warm eingelegt 86
Reissalat mit Melone und Schinken 87
Hirsesalat mit Trauben und Käse 88

Fleisch & Fisch 89

Fleisch à la minute, Kurzbraten 90
Braten, Grillen 90
Geschnetzeltes: à la minute oder geschmort 91
Geschnetzeltes an Paprika-Rahmsauce 92
Fleisch, herbstsüß angebraten 92
Paniertes Schnitzel, Piccata 93
Cordon bleu 94
Schnitzel im Saft, Saftplätzli 94
Kalbsragout an weißer Sauce 95
Ossobuco, geschmorte Kalbshaxen 96
Kutteln 97
Fischfilet, gebraten 98
Fischfilet, gedämpft 98

Stärkebeilagen 99

Pellkartoffeln, Schalenkartoffeln, Gschwellti 100
Rösti 101

Salzkartoffeln, Petersilienkartoffeln 102

Instant-Kartoffelpüree 103

Rosmarinkartoffeln, Ofenkartoffeln mit Rosmarin 103

Ofen-Frites, Pommes frites im Backofen 104

Reisnudeln 104

Reis im Reiskocher 105

Reis im Kochtopf 106

Gemüserisotto im Kochtopf 107

Polenta aus grobem Maisgrieß (Bramata) 108

Polenta aus mittelfeinem Maisgrieß 108

Polenta aus feinem Maisgrieß (2 Minuten) 108

Kornotto 109

Dinkelreis, vorgequellt, schnellkochend 109

Hirsotto 110

Teigwaren 110

Gemüsebeilagen 111

Glasierte Karotten 112

Fenchel, gedämpft 112

Blumenkohl, gedämpft 113

Spargel 113

Rote Bete, Randen 114

Weißkohl, Weißkabis 114

Glühwein-Rotkraut, Rotkohlgemüse 115

Peperonata 116

Ratatouille 117

Zucchini, gedämpft 118

Zucchini, gebraten, in Essig eingelegt 118

Broccoli, gedämpft 119

Broccoli, gebraten 119

Artischocken 120

Rohkost-Gemüseteller 121

Chicorée oder Pak Choi, gedämpft 122

Chicorée oder Pak Choi, gebraten 122

Würziger Backofen-Kürbis ... 123

Hauptmahlzeiten 125

Siedfleischsuppe ... 126
Fischsuppe ... 127
Gulasch ... 128
Reisnudeln mit Chicorée ... 129
Spargelrisotto ... 130
Kürbis-Hirsotto ... 131
Schwarzwurzeln oder Zucchini mit Hirsekruste ... 132
Paella ... 133
Zuckerhut-Gemüse mit Schinken und Kartoffeln ... 134
Geschnetzeltes mit Tiefkühlgemüse & Pommes ... 135
Kartoffel-Gemüse-Gratin ... 136
Zucchini-Kartoffel-Gratin ... 137
Lasagne ... 138
Ricotta-Gnocchi ... 139
Pasta mit Hähnchenstreifen und Frischkäse-Sauce ... 140
Asiatisch angehauchte Pfanne ... 141
Spaghetti Carbonara ... 142
Spaghetti Carbonara ohne Ei ... 142
Spaghetti al Pesto, Basilikum-Pesto ... 143
Älpler-Magronen ... 144
Crêpes / Pfannkuchen ... 145
Pfannkuchen / Fajitas / Tortillas de harina ... 146
Schweinebraten, Schweinshalsbraten ... 148
Saftiger Schmorbraten im Kochtopf ... 149
Sauerbraten im Kochtopf ... 150
Saftiger Braten im Backofen ... 152

Reiseproviant, Picknick 153

Frischkäse mit Tortilla-Chips und Rohkostgemüse ... 154
Schinkensandwich und Rohkostgemüse ... 155
Maiskolben vom Grill, Folienkartoffeln ... 156

Grillgemüse in Alufolie 157
Backwaren 157
Salate 157
Teigwaren mit hellroter Zucchinisauce 158

Partysnacks, kaltes Buffet — 159

Kalte Platte für Stehempfang und Party 160
Salzstangen 162
Gemüse-Dips 163

Backwaren — 165

Fladenbrot 166
Schnelles Quark-Dinkelbrot 166
Schnelles Mais-Hirse-Dinkelbrot 167
Butterzopf 168
Olivenöl-Brot 169
Pizza mit selbst gemachtem Teig 170
Strudelteig simpel, für Süßes oder Salziges 171
Krautstrudel mit Schinken 172
Gemüsestrudel mit oder ohne Fleisch 172
Quarkstrudel 173
Quarkbrötchen 173
Mürbeteig Grundrezept 174
Fruchtwähe, Obstkuchen 175
Gemüsewähe, Gemüsekuchen, Quiche 176
Gemüsewähe mit Hähnchen- / Putenbrust 177
Gemüsewähe, schnell und einfach, fettreduziert 178
Grieß-Quarkkuchen ohne Teigboden 179
Apfel-Früchtebrot, saftig 180
Kirschen-Streuselkuchen 181
Apfelkuchen 182
Heidelbeer-Muffins 183
Maroni-Torte 184
Linzertorte 185

Heidesand-Plätzchen ... 186
Sablés mit Zimtrand ... 187
Haferflocken-Kekse ... 188
Spitzbuben ... 189
Mailänderli, Butterplätzchen ... 190

Desserts, Süßspeisen — 191

Maroni-Vermicelles mit Schlagrahm und Früchten ... 192
Zimt-Äpfel ... 193
Crumble, Kompott mit Streuseln überbacken ... 193
Crème Caramel, Karamellpudding ... 194
Quarkcrème mit Honig ... 195
Milchreis ... 195
Grießbrei ... 196
Fruchtsalat ... 197
Weiße Schokomousse ... 197
Fruchtkompott ... 198
Dulce de leche, Milchkaramellpaste ... 198
Maroni, gekocht ... 199
Maroni, glasiert ... 199
Maroni, karamellisiert ... 199
Beeren-Sahneeis ohne Eismaschine, eifrei ... 200
Panir, tofuartiger Frischkäse ohne Reifung ... 201

Anhang — 203

Saisontabelle verträgliche Gemüse Schweiz ... 204
Saisontabelle verträgliche Früchte Schweiz ... 205
Corrigendum ... 206

Einführung

Abkürzungen und Definitionen

( )	In Klammern gesetzte Zutaten sind je nach Menge und individueller Empfindlichkeit womöglich nicht einwandfrei verträglich. Wenn nötig Menge verringern oder weglassen
ablöschen	Flüssigkeit zu gebratenen, gerösteten oder anderweitig erhitzten Nahrungsmitteln in die heiße Pfanne geben, um diese rasch abzukühlen
abschmecken	Fertiges Gericht probieren und nach gewünschtem Geschmack nachwürzen
bissfest, al dente	Konsistenz von Reis oder Teigwaren, die exakt so lange gekocht wurden, dass sie gerade weich genug sind zum Essen, aber innen noch leicht hart.
blanchieren	Rohe Gemüse oder Früchte nur kurz (je nach Art und Größe einige Sekunden bis wenige Minuten) in kochendes Wasser eintauchen. Diese Vorbehandlung, nach der das Lebensmittel noch nicht gargekocht ist, dient der Inaktivierung von Enzymen, um unerwünschte Reaktionen im Lebensmittel zu verhindern (Vitaminverluste, Farbveränderungen). Viel kochendes Wasser verwenden und das Kochgut nicht kühlschrankkalt und nur portionenweise hineingeben, sonst kühlt das Wasser zu stark ab. Anschließend sofort kurz in kaltem Wasser abkühlen, um Nachgaren zu verhindern. Um das Auswaschen wertvoller Inhaltsstoffe zu verlangsamen, sollte das Wasser gesalzen werden. Blanchiertes eignet sich gut abgetropft oder sanft trocken geschüttelt zum Einfrieren oder ist im Kühlschrank 2-3 Tage haltbar, wenn es nicht sofort weiterverarbeitet werden soll.
Btl.	Beutel, kleiner Portionenbeutel, abgestimmt auf 500 g Mehl oder 5 dl Flüssigkeit, wie es in der Schweiz handelsüblich ist. Entspricht je nach Hersteller bei Backpulver ca. 18 g, bei Natron ca. 5 g, bei Vanillinzucker ca. 8 g. Produktspezifische Abweichungen dieser Mengen sind möglich durch unterschiedliche Mengen an Füllstoffen (Stärke, Zucker) oder anderen

	Inhaltsstoffen. Beachten Sie die Dosierungsempfehlungen des Herstellers.
Kastenform	(Königs-)Kuchenform, Cakeform
dl	Deziliter. 1 dl = $^1/_{10}$ Liter = 100 ml
EL	Esslöffel (Maßeinheit). **1 EL = 15 ml = 15 cm³**. Gemeint ist immer ein *gestrichener* Esslöffel (d.h. alles, was den Löffelrand überragt, wird z.B. mit dem Messerrücken weggestrichen). Diese gebräuchlichste Definition bezieht sich noch auf die alten, tiefen Löffelformen. Die heute produzierten Esslöffel sind deutlich flacher und haben nur rund halb so viel Fassungsvermögen, also effektiv etwa 7.5 ml oder 10 ml.
Evtl.	Eventuell. Zutat kann problemlos weggelassen werden
f	Plus die darauffolgende Seite (bei Seitenzahlen)
ff	Plus die darauffolgenden Seiten (bei Seitenzahlen)
h	Stunden
min	Minuten
ml	Milliliter. 1000 ml = 1 Liter. 100 ml = 1 dl
Msp.	Messerspitze (ungenaue Maßeinheit). Pulvermenge, die auf einer spitzen Messerspitze stehenbleibt (0.5 - 1 cm lang), wenn das Messer durch das Pulver gezogen wird
S.	Seite
Schneebesen	Schweiz: Schwingbesen. Rührwerkzeug aus gebogenem Draht
Tasse	Volumenmaß, welches je nach Land, Region und Kochbuchautor ungefähr 240 ml entspricht
TL	Teelöffel (Maßeinheit). **1 TL = 5 ml = 5 cm³**. Gemeint ist immer ein *gestrichener* Teelöffel (d.h. alles, was den Löffelrand überragt, wird z.B. mit dem Messerrücken weggestrichen). Diese gebräuchlichste Definition bezieht sich noch auf die alten, tiefen Löffelformen. Die heute produzierten Teelöffel sind deutlich flacher und haben nur rund halb so viel Fassungsvermögen, also effektiv etwa 2.5 ml.
ziehen lassen	Nahrungsmittel unter dem Siedepunkt garen (pochieren)

Mastzellaktivierungssyndrom, Histaminose

Histamin dient im Körper als Mediator (=Botenstoff, Informationsüberträger), der im Körper ständig zahlreiche Vorgänge mitreguliert. Bekannt ist Histamin vor allem als Symptomvermittler bei allergischen Reaktionen. Bei Allergenkontakt wird explosionsartig sehr viel Histamin ausgeschüttet, um den Körper in einen Alarmzustand zu versetzen.

Bei der Histamin-Unverträglichkeit handelt es sich jedoch nicht um eine echte Allergie, obwohl sie sich ähnlich äußert. Wie durch Histamin vermittelte unspezifische (=nichtallergische) Unverträglichkeitsreaktionen im Detail zustande kommen, ist auf biochemischer Ebene noch nicht zweifelsfrei geklärt. Derzeit geht man von folgenden Hauptmechanismen aus:

- Histamin entsteht in Nahrungsmitteln beim Verderb und auch bei gewollten mikrobiellen Fermentations- und Reifungsprozessen. Histamin ist ein Abbauprodukt der Aminosäure Histidin, die wiederum ein Abbauprodukt bzw. ein Baustein von Proteinen (Eiweißen) ist. Besonders in Fisch, alkoholischen Getränken, Essig, in altem rezentem Käse und in gereiftem Fleisch können oft sehr hohe Konzentrationen von Histamin und anderen biogenen Aminen entstehen. Deren übermäßige Aufnahme mit der Nahrung kann in Extremfällen selbst bei Gesunden heftige Symptome einer Lebensmittel*vergiftung* auslösen.
- Wenn die Abbaukapazität der Histamin abbauenden Enzyme beeinträchtigt ist (z.B. durch bestimmte Darmerkrankungen, durch Hemmstoffe oder bei Gendefekten), kann schon eine alltägliche, im normalen Bereich liegende Histaminzufuhr den Stoffwechsel überfordern und Symptome auslösen. Diesen Mangel an Enzymaktivität bezeichnet man als **Histamin-Intoleranz (HIT)**.
- Bei Personen mit krankhaft veränderten Mastzellen (**Mastozytose, Mastzellaktivierungssyndrom MCAS**) können bestimmte Lebensmittel, Zusatzstoffe, Medikamente, Stress und weitere Umweltfaktoren eine übermäßige Freisetzung von gespeichertem körpereigenem Histamin und anderen Botenstoffen (z.B. Entzündungsmediatoren) aus den Mastzellen auslösen.

Histaminose definieren wir hier als den *Zustand* eines im Körper so weit vom Idealbereich abweichenden Histaminstatus (lokal oder systemisch), dass das Wohlbefinden oder körperliche / geistige Funktionen über das normale Maß hinaus beeinträchtigt werden. Solange im Einzelfall unklar ist, durch welche körperliche Störung die beobachtete Histaminose verursacht wird (HIT? MCAS? andere?), verwenden wir den allgemeineren Begriff **Histamin-*Unverträglichkeit***.

Die **Symptome** gleichen einer Allergie, einer Lebensmittelvergiftung oder einer Erkältung. Sie treten insbesondere im Zusammenhang mit der Nahrungsaufnahme auf, können aber auch chronisch andauern oder schubweise auftreten, ohne dass der Betroffene einen Zusammenhang mit der Ernährung erkennt. Möglich sind z.B. laufende Nase, Verdauungsbeschwerden, Juckreiz, Ausschlag, Schwitzen, Herzprobleme, Blutdruckabfall, Kopfschmerzen, Schwindel, Schlafstörungen, Müdigkeit, Konzentrationsstörungen, Übelkeit, Menstruationsbeschwerden, ...

Die Komplexität des Themas lässt sich nicht in einem Kochbuch abhandeln. Deshalb verzichten wir hier auf einen ausführlichen Theorieteil und verweisen stattdessen auf die Websites zum Buch:

www.mastzellaktivierung.info | www.histaminintoleranz.ch

Vorgehen bei der Ernährungsumstellung

Um herauszufinden, ob man grundsätzlich auf eine Histamin-Eliminationsdiät (=Auslassdiät) anspricht und wie strikt diese im Einzelfall eingehalten werden muss, empfiehlt sich folgendes Vorgehen in fünf Schritten [Vorschlag des Autors]:

1) Differenzialdiagnostik durch den Allergologen
2) Diagnostische Eliminationsdiät
3) Provokationstests
4) Wiederaufbau einer vielfältigen Ernährung
5) Medikamentöse Unterstützung

1) Differenzialdiagnostik durch den Allergologen

Viele Betroffene haben nebst ihrer Histaminose noch weitere Allergien oder Unverträglichkeiten. Bleiben diese unerkannt, hat man mit der Histamin-Eliminationsdiät alleine nur wenig bis keinen Erfolg. Um eine deutliche Besserung zu erzielen, müssen gleichzeitig auch etwaige andere Erkrankungen erkannt und richtig therapiert werden. Deshalb sollte am besten noch vor dem Beginn experimenteller Diäten zuerst einmal abgeklärt werden, ob noch weitere Allergien, Unverträglichkeiten oder sonstige Erkrankungen vorliegen.

Weder die Histamin-Intoleranz noch das MCAS lassen sich derzeit mit einem eindeutigen Labortest diagnostizieren. Lediglich eine Ausschluss- und Verdachtsdiagnose ist möglich. Ausschlussdiagnose bedeutet: Der Arzt untersucht den Patienten auf andere, ähnliche Erkrankungen. Wenn nichts Anderes gefunden werden kann, und das Arzt-Patienten-Gespräch zusammen mit dem übrigen Patientendossier genügend Indizien für ein Histaminproblem liefert, wird eine vorläufige Verdachtsdiagnose gestellt.

2) Diagnostische Eliminationsdiät (4 Wochen)

Eine diagnostische Eliminationsdiät (Auslassdiät) ist die derzeit aussagekräftigste Methode, um zu überprüfen, ob eine Person auf Histamin und/oder auf Histaminliberatoren (genauer: Liberatoren von Mastzellmediatoren) reagiert.

Dabei stellen sich jedoch einige Schwierigkeiten:

- Die Diät ist sehr aufwändig und lässt sich nicht so leicht verstehen und umsetzen wie andere Diäten.
- Nicht alle Histamin-Empfindlichen reagieren gleich. Bei Histamin-Intoleranz reagiert man vorwiegend auf Histamin (d.h. auf Fermentiertes, Gereiftes, Verderbliches) und nicht so sehr auf Histaminliberatoren. Beim MCAS hingegen reagiert man auch auf zahlreiche Liberatoren. Während man auf Histamin schon innerhalb der ersten Stunde nach Beginn der Nahrungsaufnahme rasch reagiert, kann bei den Liberatoren eine recht heterogene und zeitlich stark verzögerte Symptomatik beobachtet werden. Manchmal zeigen sich Symptome noch nicht nach einmaliger Einnahme eines Auslösers, sondern addieren sich schleichend über Tage hinweg auf, wenn an mehreren aufeinander folgenden Mahlzeiten etwas Unverträgliches konsumiert wurde. Auch das Abklingen kann viele Stunden oder Tage dauern. Das macht es außerordentlich schwierig, das Auftreten (oder das chronische Andauern) von Beschwerden bestimmten Mahlzeiten oder sogar einzelnen Zutaten zuzuordnen.
- Die Empfindlichkeit ist nicht immer einheitlich reproduzierbar, sondern abhängig von der Tagesform, beeinflusst z.B. durch Stress und weitere Umweltfaktoren.

Solange man noch ständig unter Symptomen leidet, merkt man einigen Zutaten nicht an, dass sie Symptome auszulösen vermögen. Erst im symptomfreien Zustand kann man allen Lebensmitteln deutlich genug anmerken, wie gut man sie verträgt. Deshalb sollten zu Beginn konsequent nur die besonders gut verträglichen Lebensmittel konsumiert werden, bis die Symptome merklich abgeklungen sind und sich auf einem stabilen Niveau eingependelt haben. (Nicht alle erreichen mit der Diät ein vollständiges Abklingen.) Zutaten, die nicht für alle einwandfrei verträglich sind, wurden in diesem Buch in Klammern gesetzt.

Besonders gut verträgliche Mahlzeiten bietet das Kapitel „Für schlechte Tage". Beginnen Sie mit der dort beschriebenen Reis-Diät. Führen Sie nach dem Abklingen Ihrer Symptome die Kartoffeln wieder ein (zu Beginn noch geschält und gewässert) und dann Schritt für Schritt einzelne weitere besonders gut verträgliche Zutaten. Nach einigen Tagen können Sie sich an die Rezepte in den übrigen Kapiteln heranwagen. Eine erste markante Besserung des Befindens sollte normalerweise schon in den ersten zwei Tagen auffallen. Weitere Fortschritte können aber Wochen bis Monate beanspruchen.

Halten Sie die Eliminationsdiät zunächst ungefähr während vier Wochen konsequent ein, bis die Symptome auf ein stabil niedriges Niveau abgeklungen sind. Erst die unten beschriebene Provokationsphase liefert jedoch die Bestätigung, dass wirklich die vermuteten Auslöser für die Symptome verantwortlich sind.

Diese Ernährungsexperimente sollten von Anfang an, oder spätestens dann, wenn es nicht auf Anhieb gelingen sollte, auf diese Weise ohne fremde Hilfe wieder eine vollwertige Ernährung aufzubauen, **von einer auf Unverträglichkeiten spezialisierten Ernährungsberaterin / Diätassistentin begleitet** werden.

Es empfiehlt sich, ein Ernährungs- und Symptomtagebuch zu führen.

3) Provokationstests

Eindeutig **unverträgliche** Grundnahrungsmittel aus verschiedenen Nahrungsmittelgruppen (Fleischzubereitungen, Milchprodukte, Gemüse, Früchte, Zusatzstoffe etc.) werden wieder konsumiert. Wenn man auf die meisten dieser als unverträglich geltenden Lebensmittel reagiert (was manchmal erst nach mehrmaliger Einnahme der Fall ist!), kann man die Diagnose als bestätigt betrachten. Diese Phase dient somit noch nicht dem Wiederaufbau einer möglichst uneingeschränkten Ernährung, sondern ist immer noch Teil der Diagnose. Es geht darum, deutliche Reaktionen festzustellen. Der Patient braucht aber nicht alles gemäß einer Liste durchzutesten, sondern soll diese Phase für beendet erklären, sobald ihm das Resultat deutlich genug ist.

Wichtig ist auch der Lerneffekt der Provokationsphase: Nach erfolgreicher Diät will man schon sehr bald nicht mehr glauben, dass eine solche wirklich nötig ist, denn der motivierende Leidensdruck ist nun weg und man fühlt sich gesund. Nach den Provokationstests bleibt hingegen die schmerzhafte Erfahrung in Erinnerung, dass es eben doch nicht anders geht, als die Diät einzuhalten.

Vorsicht: Bei Patienten, die in der Vorgeschichte bereits einmal einen anaphylaktischen oder anaphylaktoiden Schock erlitten haben, sollte man auf Provokationstests verzichten oder diese nur unter ständiger ärztlicher Überwachung durchführen und Notfallmedikamente bereithalten. Lebensbedrohliche Schocks können auch erst viele Stunden nach der Einnahme auftreten.

4) Wiederaufbau einer vielfältigen Ernährung, therapeutische Eliminationsdiät

Um einer Mangelernährung vorzubeugen, sollte man sich möglichst abwechslungsreich und ausgewogen ernähren. Allerdings können Verträglichkeitslisten nur als grobe Orientierungshilfe dienen beim Wiederaufbau einer möglichst vielfältigen Ernährung. Jeder Betroffene muss selbst austesten, welche Lebensmittel er bei seiner individuellen Verträglichkeit in welchen Mengen verträgt. Hierzu werden immer mehr Lebensmittel einzeln wieder in den Speiseplan aufgenommen und idealerweise an drei aufeinanderfolgenden Hauptmahlzeiten konsumiert. Treten erneut Symptome auf, merkt man sich dieses als unverträglich und stellt wieder auf die besonders gut verträglichen Lebensmittel um bis zum Abklingen der Symptome. Tauchen auch am Tag danach noch keine Symptome auf, kann man es als verträglich betrachten und ein weiteres Lebensmittel ausprobieren.

Die auf diese Weise ermittelte therapeutische Eliminationsdiät muss dauerhaft eingehalten werden, solange die Erkrankung besteht. Immerhin stellt sich auch bei den nicht heilbaren Formen der Histaminose meist mit der Zeit eine teilweise Besserung ein: Die chronischen Entzündungen klingen ab, die Nährstoffaufnahme über den Darm funktioniert wieder besser, der Körper erholt sich. Dadurch nimmt die Empfindlichkeit ab, und man verträgt wieder etwas mehr als zuvor.

Da die Verträglichkeit dosisabhängig ist, müssen unverträgliche Zutaten nicht unbedingt ganz gemieden werden. Oft sind sie ausreichend verträglich, wenn man sie in sehr kleinen Mengen kombiniert mit verträglichen Zutaten konsumiert.

Bei optimaler Nährstoffversorgung verträgt man die Nahrung tendenziell besser als bei Mangel- oder Fehlernährung. Gönnen Sie sich täglich mehrere ausgewogene Mahlzeiten, die Ihrem Körper alle benötigten Nährstoffe in ausreichender Menge und im richtigen Verhältnis zuführen. In möglichst jeder Mahlzeit sollte aus jeder der drei folgenden Kategorien mindestens ein Lebensmittel enthalten sein:

- Proteine: Fleisch, Fisch, Milchprodukte, Eigelb, Hanfsamen, ...
- Stärke: Kartoffeln, Getreideprodukte aus Dinkel, Reis, Mais, Hirse, ...
- Gemüse, Salat, Früchte

5) Medikamentöse Unterstützung

Je nach Schweregrad reicht die Eliminationsdiät alleine oft nicht aus, um völlige Beschwerdefreiheit zu erlangen. Es stehen aber verschiedene Arzneimittel zur Verfügung, die entweder bei Bedarf oder auch dauerhaft während Jahren eingenommen werden können, um die Lebensqualität weiter zu steigern. Typischerweise werden mehrere sich ergänzende Wirkstoffe in Kombination benötigt.

Ob man auf die geeigneten ärztlich verschriebenen Medikamente wie erwartet anspricht, stellt gleichzeitig einen weiteren wichtigen Aspekt der Diagnosestellung dar und zeigt, ob man auf dem richtigen Weg ist.

Weil die Phase 4 meist ein jahrelanger Lernprozess ist, kann mit der Medikation schon während des Aufbaus einer vielfältigen Ernährung begonnen werden. Dabei sollte berücksichtigt werden, dass sich unter dieser Medikation die Verträglichkeit von Lebensmitteln nicht mehr gleich gut beurteilen lässt wie ohne Medikamente. Oft kann dank Medikamenten die Diät ein kleines bisschen weiter gelockert werden. Trotzdem können Medikamente die Diät nicht ersetzen, sondern die Diät sollte unbedingt als Hauptteil der Therapie beibehalten werden.

Eignung der Rezepte

Alle Rezepte sind geeignet bei nicht allergisch bedingten („pseudoallergischen") ernährungsabhängigen Histaminerkrankungen, wie auch immer man sie definieren und bezeichnen mag: **Mastzellaktivierungssyndrom (MCAS), systemische Mastozytose (SM), Histaminose, Histamin-Unverträglichkeit, Histamin-Intoleranz (HIT)**. Nicht nur der Histamingehalt, sondern auch andere biogene Amine, Histaminliberatoren (genauer: Liberatoren von Mastzellmediatoren) sowie Inhibitoren der Histamin abbauenden Enzyme (DAO-Hemmer) wurden so weit berücksichtigt, wie es auf Grund von Erfahrungswerten Betroffener nötig ist. Die Verträglichkeit ist dosisabhängig, und die Empfindlichkeit ist individuell verschieden. Eine scharfe Unterteilung in verträgliche und unverträgliche Zutaten ist daher nicht möglich. Jeder Betroffene muss für sich selbst ausprobieren, welche der hier verwendeten Lebensmittel er in welchen Mengen verträgt.

Zutaten, die je nach individueller Empfindlichkeit möglicherweise mit Vorsicht verwendet oder weggelassen werden sollten, wurden in den Rezepten **in Klammern** gesetzt.

Wer auf **Salicylate** und **Benzoate** sehr empfindlich reagiert, muss in einigen Rezepten die pflanzlichen Zutaten, in denen diese Stoffe natürlicherweise vorkommen, zurückhaltend dosieren oder weglassen: besonders Beeren, Gewürze, Kräuter, Trockenfrüchte, Olivenöl, Honig, Schalen von Früchten und Gemüsen. Sie werden in den Rezepten nicht speziell gekennzeichnet, weil sie nicht notwendigerweise unverträglich sein müssen und in üblichen Mengen oft gut vertragen werden.

Für alle gesunden Menschen sind diese Kochrezepte natürlich ebenso geeignet und schmackhaft. Es sind gar nicht so ungewöhnliche Speisen, bei denen die ganze Familie und Gäste unbesorgt mitessen dürfen. In den meisten Fällen würde wohl nicht einmal jemand merken, dass es sich um eine spezielle Diät handelt.

Zusätzlich sind alle Rezepte bei **Unverträglichkeit von ATI-Getreide** geeignet (ATI = Amylase-Tryptase-Inhibitoren), sofern von den glutenhaltigen Getreidearten nur ursprüngliche, züchterisch wenig veränderte Sorten verwendet werden (z.B. Ur-Dinkel).

Viele Rezepte sind gleichzeitig auch **glutenfrei** oder in einer glutenfreien Variante umsetzbar. Sie sind daher bei Zöliakie, Sprue oder Glutensensitivität geeignet, sofern man die Zutaten in glutenfreier Qualität einkauft und bei der Zubereitung darauf achtet, selbst kleinste Spuren von glutenhaltigen Verunreinigungen zu vermeiden.

Zahlreiche Rezepte sind **laktosefrei**, laktosearm, oder lassen sich in einer laktosefreien Variante zubereiten (z.B. ohne Milchprodukte oder mit laktosefreien Milchprodukten). Laktosefreie Milchprodukte sind zwar bezüglich Histamin oft ein kleines bisschen weniger gut verträglich als normale Frischmilch, sollten aber zumeist ausreichend verträglich sein.

Oberhalb von jedem Rezept finden Sie jeweils rechts einen Hinweis, ob das Rezept zusätzlich frei von Gluten und Laktose ist, oder als gluten- / laktosefreie Variante zubereitet werden kann. Diese Hinweise dienen jedoch nur als grobe Orientierungshilfe und treffen nicht unbedingt auf jede einzelne der vorgeschlagenen Rezeptvariationen zu. **Falls Sie von Unverträglichkeiten oder Allergien betroffen sind, setzt das Buch voraus, dass Sie selbst wissen, worauf Sie in Ihrem individuellen Fall speziell achten müssen und welche Zutaten Sie weglassen oder durch andere ersetzen müssen.**

Die folgenden Websites bieten zusätzliche wichtige Informationen, die möglicherweise für den Therapieerfolg entscheidend sein können (medikamentöse Unterstützung der Diät, aktuelle Listen unverträglicher Medikamente, Lebensmittel und Zusatzstoffe, Küchentipps etc.):

www.mastzellaktivierung.info | www.histaminintoleranz.ch

Falls eine **nicht mit der Theorie vertraute Person** nach diesem Kochbuch kocht, händigen Sie dieser Person am besten das Rezept immer zusammen mit der nachfolgenden Seite (Grundregeln für den Koch, S. 25) aus, oder überreichen ihr besser noch das ganze Buch. So kann die Person in kurzer Zeit nachvollziehen, worauf bei dieser nicht so leicht zu verstehenden Unverträglichkeit zu achten ist.

Haftungsausschluss

Die Rezeptsammlung wurde mit größtmöglicher Sorgfalt erstellt. Eine scharfe Unterteilung der Zutaten in verträglich und unverträglich ist jedoch nicht möglich und die Empfindlichkeit der Betroffenen ist individuell verschieden. Daher kann die einwandfreie Verträglichkeit der Rezepte nicht garantiert werden. Der Autor und der Verlag lehnen jegliche Haftung für Personen-, Sach- und Vermögensschäden oder andere unerwünschte Auswirkungen aller Art ab, die aus der Nutzung dieser Informationen direkt oder indirekt entstehen können.

Dieses Buch kann bei gesundheitlichen Problemen die professionelle individuelle Beratung und Behandlung durch eine medizinische Fachperson nicht ersetzen, sondern soll diese lediglich ergänzen.

Grundregeln für den Koch

Zutaten:
- Keine anderen Zutaten verwenden als präzise die im Rezept genannten oder als verträglich bekannten.
- Das gilt auch für Gewürze, Saucen, Dressings, Bouillons, Marinaden, Panierung, Dekoration etc.
- Vorsicht: Oft sind Zusatzstoffe in Grundnahrungsmitteln enthalten, wo man sie nicht vermuten würde (z.B. E407 / E410 in Sahne), deshalb Deklaration der Zutaten konsequent beachten.
- Verboten sind insbesondere Konservierungsstoffe, Geschmacksverstärker (Glutamate, Hefeextrakte), künstliche Farbstoffe, bestimmte Verdickungsmittel und Stabilisatoren, scharfe Gewürze.
- Verboten sind aber auch viele natürliche Lebensmittel wie Tomaten, Auberginen, Erdbeeren, Zitrusfrüchte, Hülsenfrüchte, Walnüsse, Schalentiere usw.

  (Siehe nachfolgende Seiten)

Frische und Verarbeitung:
- Nichts Fermentiertes (Wein, Essig, Sojasauce, Worcestersauce), nichts Gereiftes (Käse, Salami).
- Verderbliche Produkte nur wenn maximale Frische und ununterbrochene Kühlkette gewährleistet sind.
- Keine Konserven, keine Fertigprodukte, kein Convenience Food (außer wenn im Rezept genannt).

Beispiele unverträglicher Lebensmittel

Die folgende Liste zeigt nur eine Auswahl der wichtigsten unverträglichen Lebensmittel und verträglichen Alternativen. Eine ausführlichere und aktuellere Liste finden Sie auf www.mastzellaktivierung.info bzw. www.histaminintoleranz.ch.

Die **Verträglichkeit** bezieht sich auf Mastzellaktivierungserkrankungen (MCAD), insbesondere auf das Mastzellaktivierungssyndrom (MCAS), d.h. es werden nebst (hist)aminhaltigen Lebensmitteln und Diaminoxidase-Hemmern auch Histaminliberatoren (Liberatoren von Mastzellmediatoren) berücksichtigt.

Die Verträglichkeit ist dosisabhängig und unterscheidet sich auch je nach Schweregrad und individueller körperlicher Ursache. Eine scharfe Abgrenzung zwischen „verträglich" und „unverträglich" ist daher nicht möglich.

Die Lebensmittel in der rechten Spalte sind nur dann verträglich, wenn ihnen keine unverträglichen Zusatzstoffe zugesetzt wurden! Vorsicht z.B. bei Sahne, Hüttenkäse etc. mit Zusatzstoffen.

 Zu meiden:	 Gut verträglich:
Fleisch, Eier	
Fleischkonserven, gereiftes, getrocknetes, extra lange abgehangenes, mariniertes, gepökeltes, geräuchertes oder anderswie haltbar gemachtes Fleisch oder Fleischzubereitungen	Frisches Frischfleisch roh, ungewürzt und unmariniert einkaufen und selbst zubereiten, immer gut gekühlt! (Evtl. Kochschinken je nach Zutaten) Eigelb
Stark zerkleinertes oder püriertes Fleisch: Fleischkäse, Brotaufstriche, Aufschnitt, Hackfleisch, Wurstwaren, etc.	
Wildfleisch (frisches Wildschwein ist o.k.)	
Leber, evtl. auch andere Innereien	
Eier, Eiklar	
Fisch, Schalentiere, Krustentiere	
Fisch, Schalentiere und Krustentiere: z.B. Muscheln, Krebse etc.	Süßwasserfisch, absolut fangfrisch (oder tiefgekühlt, wenn nicht zu lange gelagert und rasch aufgetaut)

SIGHI-Rezeptsammlung – Einführung 27

Milchprodukte

Alle Käse außer Frischkäse: z.B. Hartkäse, Weichkäse, Schmelzkäse, Schimmelkäse, evtl. Frischkäsezubereitungen	Milch: PAST-, H-Milch, ganz frische Rohmilch, Rahm / süße Sahne (ohne Zusatzstoffe)
Vorsicht bei Joghurt, Sauerrahm / saure Sahne, Crème fraîche, Rohmilch, Reismilch, Sojamilch	Naturbelassener Frischkäse: Panir, Mozzarella, Quark, Ricotta, Mascarpone

Stärkebeilagen, Getreide, Backwaren

Die Verträglichkeit der Getreidearten und -sorten ist uneinheitlich, abhängig vom individuellen Schweregrad und weiteren, noch nicht genau bekannten Faktoren.

Weizenkeime, Buchweizen	Reis, Mais, Hirse, Hafer
Evtl. bestimmte Getreidearten oder Sorten, insbesondere Weizen	Kartoffeln (Vorsicht: bei Salicylat-Empfindlichkeit schälen und wässern)
Evtl. Hefe- und Sauerteiggebäck mit langer Teigführungsdauer (besonders luftig oder besonders aromatisch)	„Ursprüngliche" Getreidesorten: z.B. Urdinkel, Einkorn, Emmer, Kamut
Evtl. Backpulver und weitere Zusatzstoffe	Weinsteinbackpulver

Gemüse, Pilze

Wer auf Salicylate und Benzoate sehr empfindlich reagiert, verträgt möglicherweise bestimmte hier als verträglich bezeichnete Gemüsearten nicht gut (besonders die Schalen). → www.histaminintoleranz.ch

Sauerkraut, Essiggemüse, Spinat, Pilze, Tomaten (auch Ketchup, Tomatensaft etc.), Aubergine, Avocado, Hülsenfrüchte: Soja (auch Sojaprodukte wie Tofu, Sojamilch etc.), Linsen, Bohnen; Kohlrabi	Fast alle anderen Gemüse, frisch oder tiefgekühlt
	(Evtl. grüne Buschbohnen und Erbsen in kleinen Mengen?)
	Allergiker: auf mögliche allergische Kreuzreaktionen achten!
Evtl. nur in kleinen Mengen: Knoblauch, Zwiebeln, Lauch, Bärlauch, Wirsing = Wirz	

Obst, Früchte, Nüsse

Wer auf Salicylate und Benzoate sehr empfindlich reagiert, verträgt möglicherweise bestimmte hier als verträglich bezeichnete Früchte (besonders Beeren, Trockenfrüchte sowie Fruchtschalen) nicht gut. Siehe www.histaminintoleranz.ch.

Erdbeeren, Himbeeren, Zitrusfrüchte: Zitrone, Orange, Grapefruit, Mandarine etc.; Banane, Ananas, Kiwi, Birnen, Papaya, Guave	Alle anderen Früchte, z.B. Apfel, Pfirsich, Aprikose, Melone, Kaki, Kirsche; frisch oder getrocknet (nur ungeschwefelt!)
Nüsse: besonders Walnüsse, Cashewnüsse, Erdnüsse	Macadamianüsse
Überreife Früchte und faule Stellen meiden	Allergiker: auf mögliche allergische Kreuzreaktionen achten!

Würze, Gewürze, Küchenkräuter

Wer auf Salicylate und Benzoate sehr empfindlich reagiert, verträgt möglicherweise bestimmte hier als verträglich bezeichnete Gewürze und Küchenkräuter nicht gut. Details auf www.histaminintoleranz.ch.

Geschmacksverstärker: Hefeextrakte, Glutamate E620-E625, Natriumglutamat;	Alle Küchenkräuter, frisch, tiefgekühlt oder getrocknet (außer evtl. Dill, Schnittlauch, Thymian, Pfefferminze)
Essig, Sojasauce, Worcestersauce, Klee, Kreuzkümmel	Salz ohne Jod- und Fluorzusatz
Scharfe Gewürze: Pfeffer, Chili, Curry, Senf, etc.	Paprikapulver mild, Curcuma, Kümmel
	Allergiker: auf mögliche allergische Kreuzreaktionen achten!

Süßes

Wer auf Salicylate und Benzoate sehr empfindlich reagiert, verträgt möglicherweise Honig nicht gut.

Kakao, braune & dunkle Schokolade	Evtl. Kakaobutter, weiße Schokolade
Künstliche Süßstoffe	natürliche Zuckerarten, Honig
Malz, Süßholz, Lakritze, Carob	Sucralose, Stevia

Zusatzstoffe

Auch als Hilfsstoffe in Medikamenten und Nahrungsergänzungsmitteln enthalten!

Konservierungsstoffe: Sulfite (E220 - E228), Benzoesäure, Benzoate (E210-E213) Sorbinsäure und Sorbate (E200-203) Parabene = PHB-Ester (E214-E219)	
Farbstoffe: Erythrosin E127, Chinolingelb E104, Tartrazin E102, Amaranth E123, Azorubin, Karmesin E122, Karmin, Cochenille E120, Gelborange S E110, Rot 2G, Acid Red 1, Azophloxin E128, Cochenillerot A, Ponceau 4R E124, Patentblau V E131, Indigokarmin, Indigotin I E132	
Verdickungsmittel, Stabilisatoren: Carrageen, Carragheen, E407, E407a Johannisbrotkernmehl, Carubin, E410 Guarkernmehl, Guaran, E412	
Geschmacksverstärker: Natriumglutamat, Glutamate E620-E625, Hefeextrakt	
Aromastoffe: Chinin, evtl. „Aromen" allgemein	
Stimulantien: Theobromin, Koffein	
Supplemente, Nahrungsergänzung: Jod, Jodsalz, Kaliumiodid, Kaliumiodat, Fluor, evtl. Folsäure	

Getränke

Alkohol, Kaffee, Schwarztee, Grüntee, Säfte und Limonaden aus unverträglichen Zutaten, Kohlensäure	Wasser, Tee aus Eisenkraut, Salbei, Rooibos pur, Lindenblüten, Zitronenmelisse, Goldmelisse, (Pfefferminze) Säfte und Nektar aus verträglichen Zutaten

Kleine Lebensmittelkunde

Um Unklarheiten zu beseitigen und um Missverständnisse vorzubeugen, werden hier einige der in diesem Buch verwendeten spezielleren Zutaten etwas genauer beschrieben. Konkrete Bezugsquellen nennen wir hier keine, weil diese in einem gedruckten Buch schnell veraltet wären.

Fehlt im Laden ein benötigtes Lebensmittel in verträglicher Qualität, dann teilen Sie bitte unbedingt dem Kundendienst dieser Ladenkette und zusätzlich auch dem Verkaufspersonal immer wieder mit, was Sie gerne kaufen möchten, aber nirgends finden können. Die Histaminose ist so häufig, dass wir gemeinsam Einfluss auf das Produktesortiment nehmen könnten, wenn die Hersteller davon wüssten.

Alkoholessig, Branntweinessig, Weingeistessig, Essigessenz

Gewöhnlicher Gärungsessig wird aus vergorenem Pflanzenmost hergestellt. Essigsäurebakterien wandeln den bei der Gärung entstandenen Alkohol mittels Sauerstoffs in Essigsäure um. Der Pflanzenmost ist ein kompliziertes Stoffgemisch mit Proteinen, aus denen biogene Amine entstehen können. Normaler Gärungsessig ist deshalb histaminreich und unverträglich.

Füttert man die Essigsäurebakterien im Bioreaktor hingegen nur mit reinem destilliertem Alkohol in einer künstlichen Nährstofflösung, so entsteht daraus fast nur Essigsäure. Auf diese Weise hergestellter Essig wird in der Schweiz meist als **Alkoholessig** bezeichnet; in Deutschland und Österreich heißt er **Branntweinessig**, **Weingeistessig** oder als Konzentrat **Essigessenz** (englisch: **white vinegar, distilled vinegar**). Er enthält deutlich weniger Histamin und andere "Verderbnisprodukte" und ist daher besser verträglich, aber auch vergleichsweise geschmacksneutral. Man findet ihn in vielen Supermärkten, jedoch nicht im Reformhaus. Oft wird er unter Sachbezeichnungen wie „Essig", „Tafelessig" oder „Speiseessig" verkauft, und es wird nur aus der **Zutatenliste** ersichtlich, dass ausschließlich Branntweinessig (=Alkoholessig) verwendet wurde, oder muss beim Hersteller erfragt werden.

Auch Alkoholessig ist nicht ganz histaminfrei und sollte deshalb in der histaminarmen Küche sparsam eingesetzt werden.

Nicht verwechseln mit Weißweinessig, Weinessig oder farblosem Reisessig (unverträglich)!

Verwenden Sie nur Produkte ohne unverträgliche **Zusatzstoffe**. Oft sind Farb- und Konservierungsstoffe enthalten.

Beachten Sie den auf der Essigflasche deklarierten Säuregehalt. Gewöhnlicher Essig enthält rund 4,5 % Essigsäure. Alkoholessig bzw. Essigessenz wird oft deutlich stärker konzentriert angeboten und muss entsprechend verdünnt bzw. sparsamer verwendet werden.

Ascorbinsäurepulver

Reines Ascorbinsäurepulver (=Vitamin C) ist in der Apotheke erhältlich, oft in Dosen oder Nachfüllbeuteln zu 100 g. Ascorbinsäure schmeckt sauer und kann in einigen Rezepten die Säure von Zitronensaft ersetzen. Zudem senkt sie den Histaminspiegel. Gepufferte Ascorbate sind nicht sauer.

Bouillon, Brühe, Brühwürfel, Würze

Würzmittel, sei es in Form von Pulvern, Brühen oder Würfeln, enthalten fast immer den unverträglichen Geschmacksverstärker Glutamat. Teils werden die verpönten Geschmacksverstärker hinter harmlos klingenden Bezeichnungen wie „Hefeextrakt" versteckt. Wählen Sie deshalb ein für Sie verträgliches Produkt, das weder Glutamat noch Hefeextrakt oder Würze und auch nicht zu viele andere unverträgliche Zutaten enthält, oder verwenden Sie selbst gemachte Bouillon.

Eigelb, Eidotter

In dieser Rezeptsammlung verwenden wir nur das Gelbe vom Ei, weil einige Betroffene das Eiklar roh und oft auch gekocht nicht vertragen. Wer Eiklar verträgt, kann selbstverständlich das ganze Ei verwenden. Zumindest in denjenigen Rezepten, wo dies Sinn macht.

Wer beim Trennen ganz sauber arbeiten will, kann den Dotter noch unter einem sanften Wasserstrahl abspülen. Je nach Empfindlichkeit ist das aber nicht nötig.

Frischkäse

Der Begriff Frischkäse hat zwei Wortbedeutungen. Im weiteren Sinne sind damit alle sehr jungen Käsesorten fast ohne Reifung gemeint. Sie sind histaminarm, aber leider allesamt weich, bleich und fast geschmack- und geruchlos. Bekannte Beispiele sind: Quark, Mozzarella, Mascarpone, Ricotta, Hüttenkäse. Weniger bekannt sind Panir und Junket.

Im engeren Sinne meint man damit aber auch eine Frischkäsesorte, die keinen spezifischen Namen hat, sondern einfach eine weiße streichfähige Masse darstellt (in diesem Buch als „streichfähiger Frischkäse" bezeichnet). Im Handel wird er mit der Sachbezeichnung „Frischkäse" und einem herstellerabhängigen Fantasie- oder Markennamen angeboten. Achten Sie auf unverträgliche Zusatzstoffe: Konservierungsstoffe, Stabilisatoren, Verdickungsmittel (Johannisbrotkernmehl E410, Guarkernmehl E412, Carrageen E407) und jodiertes Salz sollten nicht enthalten sein.

Achtung: Schmelzkäse ist kein Frischkäse und wird oft schlecht vertragen!

Geriebener Mozzarella

Mozzarella kennen die meisten nur als einen nassen, weichen, oft in Salzlake oder Molke schwimmenden Klumpen. Es gibt aber in einigen Supermärkten auch einen trockenen, zu Reibkäse verarbeiteten Mozzarella, der so wie andere Reibkäse gerieben im Beutel angeboten wird.

Histaminfreier Wein / Sekt / Frizzante

Der Histamingehalt von Wein kann je nach Hygiene und Herstellungsverfahren sehr unterschiedlich sein, ist oft sehr hoch und wird normalerweise nicht deklariert. Einzelne Hersteller haben sich auf die Herstellung histaminarmer oder sogar histaminfreier Weine spezialisiert. Einerseits kann mit dem Verzicht auf die Phase des Säureabbaus und bestmöglicher Hygiene die Histaminbildung eingegrenzt werden, andererseits kann dem Wein das Histamin physikalisch entzogen werden mittels bestimmter Tonmineralien, die anschließend abfiltriert werden.

Als Getränk ist selbst histaminfreier Wein nur mäßig verträglich oder sogar stark unverträglich, falls man auf Histaminliberatoren empfindlich reagiert. Zum Kochen ist er hingegen erfahrungsgemäß gut verträglich, weil der Alkohol beim Erhitzen verdampft. Indem man einen großzügigen Schuss histaminfreien Wein zum Ablöschen verwendet und ihn zu einer Sauce einkocht, verleiht man einem Gericht auch ohne künstliche Geschmacksverstärker einen kräftigen Geschmack.

Paprika, Peperoni

Die Benennung der diversen verschiedenfarbigen dicken und dünnen, runden und langen, milden und scharfen Schoten wird regional uneinheitlich gehandhabt. Egal ob man sie nun Paprika oder Peperoni nennt: Die großen, milden, als Gemüse verwendeten Sorten sind alle verträglich (außer bei Salicylat-Unverträglichkeit), die kleinen scharfen reizen zu sehr und sollten gemieden werden.

Kochschinken

Kochschinken (in dünne Scheiben geschnittener Schinken wie man ihn z.B. in Sandwiches verwendet) wird meist recht gut vertragen, obwohl es sich nicht um Frischfleisch, sondern um eine konservierte Fleischzubereitung handelt. Folgende Zutaten sollten nicht enthalten sein: Geschmacksverstärker, Glutamate (E620-E625), Hefeextrakt, Würze, Würzmischungen, Carrageen (E407), jodiertes Salz oder weitere unverträgliche Zutaten. (Gewürze sind etwas ganz anderes als Würze und sind im Schinken meist kein Problem.) Geräucherte Produkte oder Raucharoma eher meiden. Vorsicht: Rohschinken (ein gepökeltes, luftgetrocknetes oder geräuchertes Trockenfleisch mit langer Reifung) ist unverträglich.

Öle und Fette

Bezüglich Histamingehalt kann man wohl alle Öle und Fette – sogar Fischöl – als unproblematisch betrachten. Bei bestimmten Ölen sollte man jedoch sorgfältig beobachten, ob sie evtl. mastzellaktivierende Wirkung zeigen (Walnussöl, Erdnussöl, Senföl).

Fette und Öle sollten nicht zu hoch erhitzt werden, da sich bei hohen Temperaturen gesundheitsschädliche Stoffe bilden. Kochen und Dünsten sind allgemein unproblematisch, da bei Temperaturen bis 100 °C kaum Zersetzung stattfindet. Beim Braten und Frittieren erreicht man aber schnell Temperaturen über 200 °C, wenn man nicht vorsichtig ist. Bevorzugen Sie hoch erhitzbare Öle oder Fette und erhitzen Sie diese nicht länger und höher als nötig (max. ca. 160 bis 170 °C). Für schonendes Braten und Frittieren werden besonders Rapsöl und Olivenöl empfohlen, ferner Kokosfett, Butter, Butterschmalz, Schweineschmalz. Olivenöl ist jedoch bei Salicylat-Intoleranz ungeeignet. Beim scharfen Anbraten entstehen besonders hohe Temperaturen. Verwenden Sie hierfür nur speziell hitzebeständige Fette und Öle! Zum Beispiel raffiniertes Rapsöl oder so genannte High-oleic-Öle (aus Sorten, die speziell auf einen höheren Ölsäureanteil gezüchtet wurden, z.B. Holl-Rapsöl). Achten Sie auf die Angabe des Herstellers, für welchen Verwendungszweck und für welche Temperaturen sein Produkt geeignet ist. Kühl und dunkel aufbewahren.

Albaöl® ist Rapsöl aus einer Rapssorte mit besonders hohem Anteil „gesunder" Fettsäuren, mit zugesetztem Butteraroma (laktosefrei) und zum Braten geeignet.

UrDinkel®

UrDinkel ist in der Schweiz ein geschützter Markenname der IG Dinkel. Die Marke gewährleistet, dass unter diesem Namen nur ursprüngliche Dinkelsorten verkauft werden, in die kein moderner Weizen eingekreuzt wurde. (In anderen Ländern existiert diese Bezeichnung nicht oder kann eine andere Bedeutung haben, bzw. ist nicht geschützt.)

In dieser Rezeptsammlung verwenden wir konsequent UrDinkel anstatt Weizen, weil die heutigen hochgezüchteten Hochleistungs-Getreidesorten, insbesondere **Weizen**, bei einigen Personen Verdauungsbeschwerden verursachen (z.B. Blähungen, Rumoren, übelriechende Darmwinde), während ursprünglichere, züchterisch weniger veränderte Sorten besser vertragen werden. Als mögliche Ursachen werden Gluten und ATI-Getreide vermutet. ATI-Getreide sind Sorten mit züchterisch erhöhtem Gehalt an Amylase-Trypsin-Inhibitoren, die Frassschädlinge vom Getreide fernhalten sollen. Es gibt nebst UrDinkel noch weitere Dinkelsorten, die ebenfalls verträglich sind, obwohl deren Produzenten sich nicht um die teure Auszeichnung mit dem UrDinkel-Label bemüht haben. Wer kein Problem mit Getreide hat, kann stattdessen selbstverständlich beliebige Getreidesorten verwenden. Verträgt man aus unbekanntem Grund die glutenhaltigen Getreide schlecht, kann es lohnenswert sein, UrDinkel und andere alte Getreidesorten auszuprobieren. In einigen Fällen geht das trotz vermeintlicher Gluten-Sensitivität gut. Wenn jedoch eine Allergie gegen Gluten (Zöliakie, Sprue) diagnostiziert wurde, ist auch UrDinkel unbedingt konsequent zu meiden und durch glutenfreie Produkte zu ersetzen! In der Schweiz findet man UrDinkel-Produkte auch bei einzelnen Supermarktketten.

Weiße Zwiebel

Alliumgewächse (Zwiebel- und Lauchgewächse, inkl. Knoblauch, Bärlauch, Schnittlauch) werden von einem Teil der Betroffenen in größeren Mengen sowie roh nicht vertragen. Vermutlich bei Mastzellaktivierungserkrankungen auf Grund von Liberatorwirkung. In dieser Rezeptsammlung wird deshalb nur die besonders milde und dadurch besser verträgliche weiße Zwiebel verwendet. Gemeint ist damit nicht die handelsübliche Küchenzwiebel, sondern eine ähnlich große Sorte mit schneeweißer Schale. Sie hat zusätzlich den Vorteil, dass beim Schneiden die Augen nicht tränen. Nicht verwechseln mit der ebenfalls weißen Süßzwiebel oder mit der Silberzwiebel. Wer Zwiebel- und Lauchgewächse problemlos verträgt, darf diese Gemüsearten selbstverständlich nach Belieben verwenden.

Weinsteinbackpulver

Weinsteinbackpulver, auch als Kaliumtartrat oder E336 bezeichnet, ist besser verträglich als normales Backpulver. Weinsteinbackpulver kann man in fast jedem Reformhaus kaufen; meist in Mischung mit Natron, welches ebenfalls verträglich ist.

Küchentipps

Regel Nummer eins:

Lesen Sie bei jedem Produkt immer die Zutatenliste aufmerksam durch! Auch bei Grundnahrungsmitteln, von denen Sie nicht erwarten würden, dass Zusatzstoffe enthalten sein könnten (z.B. Sahne). Selbst dann, wenn Sie die Zutatenliste früher schon einmal gelesen haben, denn die Rezeptur kann jederzeit vom Hersteller verändert werden.

Meiden Sie zunächst alle Zutaten, die in der **ausführlichen Lebensmittelliste auf www.mastzellaktivierung.info** bzw. **www.histaminintoleranz.ch** als unverträglich bewertet sind. In einer späteren Phase können Sie Produkte mit Zutaten unbekannter Verträglichkeit einzeln ausprobieren und wieder zu Ihrem Speiseplan hinzufügen, sofern diese sich in Ihrem Fall als verträglich erweisen.

Denken Sie daran, dass dies für alles gilt, was Sie in irgendeiner Form zu sich nehmen: nicht nur für Mahlzeiten und Zwischenmahlzeiten, sondern auch für Getränke, Süßigkeiten, Medikamente, Nahrungsergänzungsmittel, ...

Regel Nummer zwei:

Sorgen Sie unbedingt für **maximale Frische und ununterbrochene Kühlung** bei verderblichen Frischprodukten (Fisch, Fleisch, Milchprodukte, Kühlprodukte, Tiefkühlprodukte)! Für histaminsensible Personen kann ein Produkt im Extremfall schon nach einigen Minuten ohne Kühlung verdorben sein. Einmal entstandenes Histamin lässt sich nicht wieder aus dem Lebensmittel entfernen. Weder durch gründliches Kochen noch mit irgendwelchen anderen Methoden.

Legen Sie beim Einkaufen die verderblichen Produkte zuletzt in den Einkaufskorb, kurz bevor Sie zur Kasse gehen. Für den Transport nach Hause verpacken Sie die Frischprodukte gleich nach der Kasse in eine isolierte Kühltasche oder Kühlbox oder wickeln Sie sie in eine Decke, eine Jacke oder einen Pullover. Legen Sie gefrorene Kühlelemente oben auf das Kühlgut. Zu Hause angekommen verstauen Sie gleich als Erstes die verderblichen Produkte im Kühlschrank.

Im Kühlschrank ist es nicht überall gleich kalt. Die verderblichsten Produkte müssen im Nullgradbereich gelagert werden. Bei den meisten Geräten befindet sich dieser hinten unten, aber oberhalb der Gemüseschublade (Abbildung S. 36). Im obersten Fach und im Türbereich hingegen kann es um die 8 bis 15 °C warm sein.

Im Tiefkühler ist die Histaminbildung nicht ganz gestoppt, sondern lediglich stark verlangsamt. Auch Tiefkühlprodukte (besonders Fisch und Fleisch) sollten daher nicht länger als nötig gelagert werden.

Nehmen Sie Kühlprodukte erst dann aus dem Kühlschrank, wenn sie gebraucht werden. Entnehmen Sie die benötigte Menge und stellen Sie den Rest sogleich wieder zurück in den Kühlschrank.

Essensreste sofort in den Kühlschrank stellen oder einfrieren. Je nach Verderblichkeit nur ½ bis 2 Tage im Kühlschrank aufbewahren. Beim Wiederaufwärmen entsteht Histamin. Essen Sie deshalb Reste kalt direkt aus dem Kühlschrank oder sorgen Sie für möglichst rasches Aufwärmen. Auch Reste von gekochtem Reis sofort tiefkühlen oder im Kühlschrank aufbewahren und innerhalb von höchstens 12 h konsumieren.

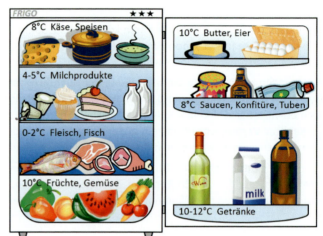

Weitere Tipps:

Vieles, was den Speisen zu kräftigem Geschmack verhelfen würde, ist bei dieser Diät nicht erlaubt. Küchenkräuter – vielleicht sogar im Garten oder in Töpfen selbst gezogen – können hier Abhilfe schaffen. Einige Kräuter eignen sich zum Einfrieren: z.B. Petersilie (gehackt), Schnittlauch (gehackt), Basilikum (ganze Blätter), Estragon (ganz). Auch getrocknete Küchenkräuter sind geeignet.

Kartoffeln wenn möglich an einer kühlen Stelle lagern, damit sie länger halten, jedoch nicht im Kühlschrank, sonst wird beim Braten, Backen und Frittieren mehr giftiges Acrylamid gebildet. Nur bei mittlerer statt hoher Hitze und mit reichlich Öl braten verringert zusätzlich die Bildung von Acrylamid.

Kartoffeln immer dunkel lagern. Am Licht werden sie grün. Die grünen Stellen sind giftig (Solanin) und müssen weggeschnitten werden.

Wenn Öl auf hohe Temperaturen erhitzt wird (Braten, Frittieren), sollten möglichst nur hoch erhitzbare Öle verwendet werden. Bei guten Ölen gibt die Produktetikette Auskunft über die Eignung oder die Maximaltemperatur. Im Zweifelsfall Olivenöl verwenden (außer bei Salicylat-Unverträglichkeit).

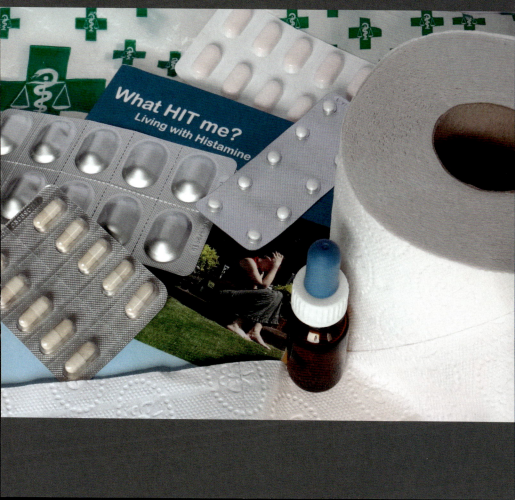

Dieses Kapitel bietet besonders gut verträgliche Rezepte...
1) für den Beginn der versuchsweisen diagnostischen Eliminationsdiät
2) um nach Rückschlägen wegen Diätfehlern schnell wieder den symptomfreien Zustand erreichen zu können

Die in diesem Kapitel aufgeführten Ernährungsweisen sind nicht für die Dauerernährung geeignet! Nur 2 bis 7 Tage lang durchführen (evtl. auf Anordnung einer Fachperson auch etwas länger). Während dieser Zeit müssten die Symptome spürbar zurückgehen oder ganz verschwinden, wenn nicht noch andere Erkrankungen mitspielen.

Reis-Diät

Rezept für 1 Portion Histaminose, glutenfrei, laktosefrei, salicylat- & fructosearm

4 dl	Wasser	zum Kochen bringen
etwas	Salz ohne Jod- / Fluorzusatz	beifügen
165 g = 2 dl	Reis, weiß	beifügen und unter gelegentlichem Umrühren kochen, bis der Reis weichgekocht ist

Kochzeit gemäß Angaben auf der Packung, je nach Reissorte meist ca. 12-22 min

Wichtige Anmerkungen

Reis nach dem Kochen rasch konsumieren oder nach dem Erkalten sofort gut kühlen oder einfrieren. Im Kühlschrank nicht länger als 12 h aufbewahren.

Während der (auf wenige Tage beschränkten) Reisdiät soll rund um die Uhr nichts anderes konsumiert werden außer Reis mit Salz (ohne Jod / Fluor) und Wasser als Getränk, evtl. wenig weißer Kristallzucker. Keine Gewürze, Kräuter, Saucen, Süßigkeiten, Kaugummis oder sonstige Produkte / Zutaten / Zusatzstoffe. Das gilt auch für Zwischenmahlzeiten. Nahrungsergänzungsmittel und Medikamente sind zudem ebenfalls sehr oft unverträglich. Medikamente jedoch nur nach Rücksprache mit dem Arzt absetzen.

Diverse Getreidearten, die im Handel unter der Bezeichnung „Wildreis" vermarktet werden, aber botanisch mit dem Reis nicht näher verwandt sind, sollten für die Reisdiät nicht verwendet werden, sondern nur Körner der eigentlichen Reispflanze (wissenschaftlicher Name: *Oryza sativa*). „Dinkelreis" ist ebenfalls *kein* Reis.

Geschälten weißen Reis sollte man bei der Reis-Diät bevorzugen gegenüber parboiled- oder Vollkornreis. Basmatireis, Jasminreis und roter Reis sind bei Salicylat-Unverträglichkeit eher ungeeignet.

Kartoffel-Reis-Diät: Salzkartoffeln gewässert

Sobald unter der Reisdiät (siehe oben) die Symptome einigermaßen abgeklungen sind, kann die Ernährung um Salzkartoffeln erweitert werden (abwechselnd mit Reis oder beides zusammen):

Rezept für 1 Portion Histaminose, glutenfrei, laktosefrei, salicylat- & fructosearm

ca. 300 g	Kartoffeln, gelagert, festkochende Sorte	Kartoffeln großzügig schälen, waschen und in 1-2 cm kleine Stücke schneiden
viel	Wasser	Mindestens 2 h in kaltem Wasser wässern 1-3-mal durch frisches Wasser ersetzen
etwas	Salz ohne Jod- / Fluorzusatz	In einem Kochtopf, der wenige cm hoch mit Wasser gefüllt ist, leicht gesalzenes Wasser zum Kochen bringen und darin die Kartoffeln zugedeckt bei schwacher Hitze sieden

Sobald sie sich widerstandslos durchstechen lassen, sind sie gar.
Abgießen und mit Salz bestreuen

Anmerkungen

Kartoffeln sind leicht salicylathaltig. Sie werden manchmal von Personen mit Salicylat-Unverträglichkeit nicht einwandfrei vertragen. Große reife Lagerkartoffeln enthalten weniger Salicylat als junge Kartoffeln aus neuer Ernte. Schälen und Wässern verringert den Salicylatgehalt auf ein normalerweise ausreichend verträgliches Maß.

Reis, leicht gesüßt

Rezept für 1 Portion Histaminose, gluten- & laktosefrei, salicylatarm, mit Fructose

1 Portion	Reis	wie auf S. 38 beschrieben zubereiten
1 EL	Rapsöl	Apfel schälen, fein reiben und mit dem Rapsöl und Zucker unter den noch heißen Reis mischen
1 EL	weißer Kristallzucker	
½	Apfel der Sorte Golden Delicious(!)	Anstatt Zucker ist auch Glukose (=Traubenzucker) ohne Zusatzstoffe (Drogerie) möglich.

Geeignet als Frühstück oder für Zwischenmahlzeiten (Reste direkt aus dem Kühlschrank kalt essen). Golden Delicious ist eine salicylatarme Apfelsorte.

Putenbrust, Reis/Kartoffeln, Eisbergsalat/Kohl

Rezept für 1 Portion	Histaminose, glutenfrei, laktosefrei, salicylatarm

etwas	Eisbergsalat oder Weißkohl	in Streifen schneiden (keine anderen Salatsorten)
1-2 EL	Rapsöl	Rapsöl darüber träufeln (kein Olivenöl)
1 Prise	Salz ohne Jod- / Fluorzusatz	Kurz vor dem Servieren mit Salz bestreuen (keine anderen Gewürze verwenden!) und gut mischen
		Roh als Salat konsumieren
1 Portion	Reis oder Salzkartoffeln	zubereiten wie auf S. 38 bzw. 39 beschrieben
1 EL	Rapsöl	Rapsöl in Bratpfanne erhitzen (kein Olivenöl)
1 Stück	Hähnchen- oder Putenbrust	Fleisch bei hoher bis mittlerer Hitze beidseitig je ca. 5 min braten
2 Prisen	Salz ohne Jod- / Fluorzusatz	Mit Salz bestreuen (keine anderen Gewürze verwenden)

Geeignet als Hauptmahlzeit.

Anmerkungen

Das Fleisch muss ganz frisch sein: Auf das Verfalldatum achten, gekühlt nach Hause transportieren und im Kühlschrank im Nullgradbereich aufbewahren. Evtl. vor der Mahlzeit ein Diaminoxidase-Präparat einnehmen (1 Kapsel DAOsin®)

Putenbrust, Salzkartoffeln, Blumenkohl/Spargel

Rezept für 1 Portion Histaminose, glutenfrei, laktosefrei, salicylatarm

1 Portion	Salzkartoffeln	vorbereiten und wässern gemäß S. 39
ca. 200 g	Blumenkohl, Broccoli oder Spargel, frisch	Gemüse waschen und vorbereiten (Blumenkohl: in Röschen teilen; Spargel: im unteren Teil die zähe Haut entfernen und Enden wegschneiden)
etwas	Wasser	
einige Prisen	Salz ohne Jod- / Fluorzusatz	Kartoffeln und Gemüse in den Kochtopf füllen oder auf den Siebeinsatz legen
1 EL	Rapsöl	Kochtopf ca. 1 cm hoch bzw. bis zum Siebeinsatz mit Wasser befüllen
		Mit Salz bestreuen
		Zugedeckt ca. 10-20 min bei mittlerer bis kleiner Hitze im Dampf garen, bis die gewünschte Weichheit erreicht ist
1 Stück	Hähnchen- oder Putenbrust	Rapsöl in Bratpfanne erhitzen (kein Olivenöl)
etwas	Salz ohne Jod- / Fluorzusatz	Fleisch bei hoher bis mittlerer Hitze beidseitig je ca. 5 min braten
		Mit Salz bestreuen (keine anderen Gewürze verwenden)

Geeignet als Hauptmahlzeit

Material

Evtl. Siebeinsatz für Kochtopf

Anmerkungen

Das Fleisch muss ganz frisch sein: Auf Datum achten, gekühlt nach Hause transportieren, im Kühlschrank im Nullgradbereich aufbewahren. Evtl. vor der Mahlzeit ein Diaminoxidase-Präparat einnehmen (1 Kapsel DAOsin®)

Maroni, gekocht

→ siehe S. 199

Frühstück

Müslivariationen

Aus verschiedenen Cerealien und Früchten täglich neu zusammengestellte Müslimischungen (Schweizer Schreibweise: Müesli)

Eignung

Histaminose, (bei Laktose-Intoleranz nur laktosefreie Milchprodukte verwenden!)

Auswahl möglicher Zutaten

Milch: Kuh-, Ziegen-, Schafmilch als Pastmilch oder Haltbarmilch
Quark nature / Topfen
(evtl. wenig Joghurt)
Verträgliche Fruchtsäfte / Nektare (Verträglichkeitsliste S. 26ff. Ohne Konservierungs- und Farbstoffe, ohne Zitrusfrüchte etc.): Cranberry, Pfirsich, Aprikose, Sauerkirsche, (Trauben)

Hirseflocken (die vakuumiert eingeschweißten im Karton schmecken am besten)
Dinkelflocken
Haferflocken
evtl. Cornflakes (wenn ohne Folsäure und ohne Malz)
Rice Crispies (mit Malz nur bedingt verträglich)
Edelkastanienflocken oder Maronenpüree (nur wenn ohne unverträgliche Zusatzstoffe)
Hanfsamenmehl
Hanfsamenmehl-Proteinpulver

Macadamianüsse

Äpfel
Cranberries, getrocknet
Kirschen
Heidelbeeren
Brombeeren
Johannisbeeren, Cassisbeeren
Kaki: Persimone, Sharonfrucht
Melone
Aprikose (Dörraprikosen nur ungeschwefelt, ohne Konserv.stoffe)
Pfirsich
Nektarine
(Trauben)
(Mango)
Konfitüre oder Sirup aus verträglichen Früchten (ohne Farb- und Konservierungsstoffe, evtl. auch ohne Citronensäure)
Zucker
Ahornsirup
Agavendicksaft
Honig

Zubereitung

Zutaten nach Belieben mischen und kalt konsumieren

Variationen

Haferflocken evtl. zuerst in heißem Wasser oder Milch einweichen oder kochen

Frühstücksreis

Rezept für 2 Portionen Histaminose, glutenfrei, laktosefreie Variante möglich

4 dl	Milch und / oder Wasser	
1 Prise	Salz ohne Jod / Fluor	aufkochen
2 dl = 165 g	Reis, klebende Sorte	beifügen. Ca. 16-20 min kochen bis der Reis weich ist
etwas	Butter oder Rapsöl	
evtl. wenige	Macadamia-Nüsse, fein gehackt	
1 Handvoll	Dörrfrüchte (unkonserviert, ungeschwefelt) nach Belieben, fein geschnitten: Cranberries, Aprikosen, Datteln, (Rosinen)	
evtl. 4 EL	Hanfsamenmehl-Proteinpulver (im Reformhaus erhältlich)	in der Bratpfanne
4 EL	Honig oder Agavendicksaft	leicht rösten
(wenig	Zimt, evtl. wenig Kardamom)	darüber streuen
Reis dazu geben, alles gut mischen, evtl. weitere 5 min braten		
1	Apfel, in kleinen Stücken oder gerieben	zugeben, mischen

Warm oder kalt servieren

Material

Reiskocher oder Kochtopf, Bratpfanne, evtl. Küchenreibe (=Raffel)

Variationen

Saisonal die Gewürze durch einige Pfefferminz- oder Zitronenmelisseblätter ersetzen

Hanfsamenmehl oder Hanfproteinpulver ist wegen seines hohen Ballaststoffanteils gut für die Darmtätigkeit und ist eine hochwertige Proteinquelle (Proteingehalt 25-50 %).

Hirsebrei mit frischem Obst

Rezept für 1 Portion Histaminose, laktosefreie Variante möglich

2 dl	Wasser	Wasser zum Kochen bringen
80 g = 1³/₄ dl	Hirsekörner	Hirse 10 min zugedeckt bei kleiner Hitze garen Auskühlen lassen
nach Belieben	verträgliche Früchte, saisonal oder tiefgekühlt: z.B. Apfel, Melone, Nektarine, Pfirsich, Aprikose, (Trauben), Cranberries, Heidelbeeren, Cassis, Johannisbeeren	waschen, vorbereiten Ggf. in mundgerechte Stücke schneiden Mit Hirse vermischen
evtl. wenig	Zucker / Ahornsirup / Agavendicksaft	beifügen
evtl. 1 dl	Rahm / Sahne ohne Zusatzstoffe	steif schlagen und darunter mischen

Anmerkungen

Bei Laktoseunverträglichkeit laktosefreies Milchprodukt verwenden

Butterbrot, Konfitürenbrot, Honigbrot

Rezept für 1 Portion Histaminose, (laktosearme & glutenfreie Varianten möglich)

2 Scheiben	UrDinkel-Brot oder -Zopf, selbst gebacken	siehe S. 165ff
etwas	Butter oder Mascarpone	
evtl. etwas	Konfitüre aus verträglichen Früchten oder Bienenhonig	auf die Brotscheiben streichen

Anmerkungen

Brot: Ausprobieren, was man verträgt. Besonders Weizen und zum Teil auch andere Getreide werden oft nicht besonders gut vertragen, müssen aber nicht unverträglich sein.

Hefe und Sauerteigkulturen können vermutlich je nach Herstellungsmethode und Sauberkeit ebenfalls die Verträglichkeit manchmal beeinträchtigen.

Margarine wäre grundsätzlich verträglich, enthält aber fast immer unverträgliche Zusatzstoffe. Zutatendeklaration beachten!

Konfitüre: Citronensäure wird von einem Teil der Betroffenen als unverträglich bezeichnet, von anderen gut vertragen.

Einige vertragen Honig nicht (oder nicht alle Sorten gleich gut).

"Schokodrink": Hanfproteinpulver statt Kakao

Rezept für 1 große Tasse   Histaminose, glutenfrei, laktosefreie Variante möglich

ca. 4 EL	Hanfsamenmehl-Proteinpulver	ins leere Glas geben
1 EL	Honig, flüssig / Ahornsirup	mit dem Pulver gut vermischen
2 dl	warme oder kalte Milch	dazu gießen
(etwas	Vanillinzucker)	zugeben und gründlich umrühren

Anmerkungen

Mit etwas Vorstellungsvermögen ist das ein gesunder Schokodrink-Ersatz.

Allzu dickflüssigen Honig zuerst in ganz wenig warmem Wasser lösen

Bei Laktoseunverträglichkeit laktosefreie Milch verwenden

Hanfsamenmehl oder Hanfproteinpulver ist wegen seines hohen Ballaststoffanteils gut für die Darmtätigkeit und ist eine hochwertige Proteinquelle (Proteingehalt 25-50%).

Variationen

Heiße Milch verwenden und zusätzlich etwas weiße(!) Schokolade darin auflösen

Rösti

→ siehe S. 101. Histaminose, glutenfrei, laktosearm

Milchreis

→ siehe S. 195. Histaminose, glutenfrei, laktosefreie Variante möglich

Grießbrei aus Dinkel- / Hirsegrieß

→ siehe S. 196. Histaminose, laktosefreie Variante möglich

Maroni, gekocht

→ siehe S. 199. Histaminose, glutenfrei, laktosefrei

Saucen, Dips, Bouillon

Béchamel Sauce (Grundrezept für weiße Saucen)

Rezept für 4 Pers. (5 dl)   Histaminose, glutenfreie / laktosearme Variante

ca. 4 EL = 40 g	Butter	im Kochtopf bei mittlerer Hitze schmelzen
ca. 4 EL = 40 g	UrDinkelmehl	bei schwacher Hitze unter ständigem Rühren mit dem Schneebesen 1-3 min mit der Butter vermischen Das Mehl soll keinesfalls bräunen, sondern je nach Verwendungszweck weiß bis hellblond bleiben oder allenfalls etwas goldbraun werden.
5 dl	Vollmilch	unter ständigem kräftigem Rühren langsam dazu gießen und aufkochen
2-3 Prisen	Salz ohne Jod / Fluor	
(ganz wenig	Pfeffer)	würzen
(ganz wenig	Muskatnuss)	8 bis 15 min unter häufigem Umrühren bei schwacher Hitze köcheln lassen

Material

Schneebesen

Anmerkungen

Eine der beiden Komponenten (Mehlschwitze / Flüssigkeit) muss beim Zusammenrühren mit dem Schneebesen kalt sein, die andere warm.

Sollten nach Ende der Kochzeit noch störende Klümpchen vorhanden sein: durch ein Sieb passieren oder kurz mixen

Sehr vielseitig verwendbar: als Pastasauce, zu Gemüse (Blumenkohl), für Lasagne, Auflauf, Gratin, für Pastetenfüllung, als Grundlage für Suppen (mit nur je 30 g Mehl und Butter) sowie als Basis für diverse Saucen

Variationen

Laktosearm: Milch ersetzen durch laktosefreie Milch oder durch verträgliche oder selbstgemachte Gemüsebrühe (S. 62f). Butter evtl. durch Rapsöl / Albaöl® ersetzen

Glutenfrei: eine glutenfreie Stärke oder ein glutenfreies Mehl verwenden

Weiße Schinkensauce

Variante der Béchamelsauce: In einer separaten Pfanne fein gehackte weiße Zwiebeln und evtl. einige klein geschnittene Scheiben verträglichen Kochschinken (ohne Hefeextrakt, Glutamat, Würze, E407) in Butter andünsten. UrDinkelmehl beifügen und mitdünsten. Mit einem Schuss histaminfreiem Weißwein / Sekt / Frizzante ablöschen und danach entsprechend weniger Milch dazu rühren

Safransauce

Wenige Safranfäden in die fertige Béchamelsauce (S. 50) geben

Tipp: optimale Zubereitung von Safran

So kann man dem teuren Safran das Maximum an Aroma und Farbe entlocken:

1) Safranfäden bis zum Gebrauch vor Licht geschützt in einem kleinen aromadichten Döschen aufbewahren. Nicht zu lange lagern
2) Die benötigte Menge Safranfäden einige Minuten auf ca. 45 °C erwärmen, indem man sie z.B. auf einen warmen Topfdeckel legt
3) Anschließend im Mörser zerreiben oder in einem Schälchen mit dem Löffel zerdrücken
4) In sehr wenig Wasser oder sonstiger Flüssigkeit zugedeckt während einiger Minuten bis Stunden einweichen (bei Zimmertemperatur oder bis maximal 45 °C)
5) Erst am Schluss in die fertige, auf ca. 45 °C abgekühlte Speise mischen

Kräutersauce

Nach Belieben fein gehackte Kräuter in die Béchamelsauce (S. 50) rühren (z.B. Thymian / Basilikum & Oregano / Salbei / (Schnittlauch) / Petersilie)

Evtl. einen Teil der Milch durch Rahm / Sahne ohne Zusatzstoffe ersetzen

Paprika-Rahmsauce

Rezept für 4 Pers. (4 dl) Histaminose, glutenfreie / laktosearme Variante möglich

2 dl	Vollmilch oder Rahm / Sahne ohne Zusatzstoffe	in einem kleinen Kochtopf aufkochen
2 dl	Vollmilch oder Rahm / Sahne ohne Zusatzstoffe	Währenddessen Stärke und Gewürze mit der kalten Flüssigkeit vermischen
2 EL	Stärke	Unter kräftigem Rühren mit dem Schneebesen in die kochende Flüssigkeit gießen
2 EL	Paprikapulver, mild	
2 TL	Salz ohne Jod / Fluor	Unter beständigem Rühren aufkochen Bei kleiner Hitze unter häufigem Umrühren noch ca. 5 min köcheln lassen

Material

Schneebesen

Süß-saure gelbe Curcuma-Sauce

Rezept für 4 Personen (ca. 6 dl) Histaminose, glutenfrei, laktosefrei

5 dl	Béchamel-Sauce S. 50	zubereiten
4 EL	Alkoholessig 4,5 %	
3 EL	Zucker	
1 EL	Curcuma-Pulver	
(evtl. 1 TL	Ingwer-Pulver)	
(etwas	Pfeffer, fein gemahlen)	
(wenig	Knoblauchpulver)	einrühren
evtl. 1 TL	Schwarzkümmelsamen	Abschmecken

SIGHI-Rezeptsammlung – Saucen, Dips, Bouillon

Sauce Hollandaise

Rezept für 4 Portionen (ca. 2 dl)   Histaminose, glutenfrei

3 EL = 30 g	Butter	in einem Kochtopf erwärmen, bis sie flüssig wird Beiseite stellen
1 (evtl. 1 Prise	Eigelb Ascorbinsäure)	mit dem Schneebesen sämig schlagen
150 g	Rahm / Sahne ohne Zusatzstoffe (oder Sauermilch oder Crème fraîche)	unter das Eigelb ziehen In einem zweiten Kochtopf langsam unter ständigem Rühren erwärmen, aber nicht kochen Sobald die Sauce gebunden ist, die flüssige Butter nach und nach darunter rühren
etwas (wenig	Salz ohne Jod / Fluor Pfeffer, Muskatnuss)	abschmecken

Material

Schneebesen

Passend zu

Spargel (S. 113) mit Pell- oder Salzkartoffeln (S. 100, S. 102)

Variationen

Frisch gehackte Kräuter zugeben, zum Beispiel Estragon und wenig Petersilie (oder Schnittlauch)

Sauce Béarnaise

Rezept für ca. 4 Portionen   Histaminose, glutenfrei, laktosearm

½	weiße Zwiebel	sehr fein würfeln
4 EL	Estragon, frisch	
2 EL	Petersilie, frisch	Kräuter fein hacken
1 dl	histaminfreier Weißwein / Sekt / Frizzante	Die Hälfte der Kräuter mit der Zwiebel, Wein, Essig und Pfeffer auf die Hälfte einkochen
3 EL	Alkoholessig 4,5 %	Durch ein Sieb in eine Schüssel drücken
(1 Msp.	Pfeffer)	Etwas abkühlen lassen
3	Eigelb	dazu geben und über einem heißen Wasserbad mit dem Mixer oder Schneebesen schaumig rühren
150 g	Butter, geklärt*	unter stetigem kräftigem Umrühren langsam aber kontinuierlich dazu gießen
etwas	Salz ohne Jod / Fluor	abschmecken
(evtl. 1 Msp.	Ascorbinsäure)	Die restlichen gehackten Kräuter dazu geben

*) Geklärte Butter kurz vorher vorbereiten: Butter schmelzen (z.B. im Kochtopf, oder in einem hohen Trinkglas einige Sekunden in die Mikrowelle). Die weiße flockige Trübung auf den Boden absetzen lassen und nur die klare gelbliche Flüssigkeit verwenden.

Material

Schneebesen oder Mixer, Sieb, Wasserbad (Schüssel oder Kochtopf mit heißem Wasser)

SIGHI-Rezeptsammlung – Saucen, Dips, Bouillon

Gemüse-Frischkäse-Pastasauce

Rezept für ca. 4 Portionen Histaminose, glutenfrei

	½	weiße Zwiebel	
ca. ½ kleine		Zucchini	
ca. 2		Paprika	vorbereiten
ca. 3		Karotten	Zerkleinern
	2 EL	Bratbutter / Rapsöl	Gemüse im Öl / Fett dünsten
evtl. 1 Schuss		histaminfreier Weißwein / Sekt / Frizzante / Apfelsaft	ablöschen
ca. 50-100 g		streichfähiger Frischkäse ohne unverträgliche Zusatzstoffe	beifügen Zergehen lassen
Evtl. mit dem Mixer grob zerkleinern oder fein pürieren			
evtl. 150 g		Panir S. 201	zerbröselt beifügen
nach Belieben		Küchenkräuter, frisch oder getrocknet	
etwas		Salz ohne Jod / Fluor	würzen
(evtl. wenig		Pfeffer)	Abschmecken

Material
Evtl. Mixer

Ajvar, mild (eingemachtes Paprikapüree)

Rezept für ca. 1 Liter Histaminose, glutenfrei, laktosefrei

ca. 1 kg rote Spitzpaprika	gut waschen, der Länge nach halbieren, entkernen

Mit der Haut nach oben auf ein mit Backpapier belegtes Backblech legen
Im auf 200 °C vorgeheizten Ofen etwas oberhalb der Ofenmitte backen, bis sich große Blasen unter der stellenweise leicht gebräunten Haut bilden (ca. 20 min)
Aus dem Ofen nehmen und mit einem nassen Küchentuch zugedeckt etwas abkühlen lassen. Ofentemperatur auf 120° einstellen
Paprika enthäuten; die Haut lässt sich nun mühelos abziehen

ca. 500 g Karotten / Kürbis	Karotten schälen und reiben oder Scheibchen hobeln, Kürbis schälen und würfeln
1 weiße Zwiebel	schälen, grob hacken
(evtl. 2 Knoblauchzehen)	In einer großen Pfanne mit $1/3$ des Olivenöls andünsten
(evtl. ¼ kleine Chilischote)	
ca. 1-2 dl Olivenöl	Karotte und Kürbis zugeben und weiter dünsten bis das Gemüse weich ist
	Paprika beifügen, mit dem Mixer pürieren

Währenddessen leere Einmach- oder Konfitürengläser und Deckel gründlich waschen, spülen
Die leeren Gläser und Deckel in den noch heißen Backofen stellen, der jetzt ausgeschaltet werden kann

1½ TL Salz ohne Jod / Fluor	Ajvar mit Salz, Gewürzen und Alkoholessig abschmecken
(evtl. etwas Pfeffer)	Noch etwas Olivenöl zugeben, mixen
4 EL Alkoholessig 4,5 %	Weitere 30-60 min auf niedriger Stufe zugedeckt kochen und gelegentlich umrühren

Heiß in die sterilisierten Gläser füllen, mit 1 cm Olivenöl überschichten und Deckel gut zuschrauben (Gläser mit Topflappen anfassen). Die Deckel sollten zu diesem Zeitpunkt nicht zu heiß sein, sonst passen sie nicht präzise genug auf die Gläser, um diese dicht abschließen zu können.

Kopfüber (Deckel nach unten) abkühlen lassen

Wenn sich ein Unterdruck bildet (Deckel nach unten gewölbt), dann ist das Ajvar ungeöffnet ca. 3 Monate haltbar. Falls nicht: Im Kühlschrank aufbewahren und innert zwei Wochen konsumieren

Sehr vielseitig verwendbar: für Pasta, Lasagne, Brotaufstrich, Suppen, Dips, Füllungen, ...

//
Kürbispesto

Rezept für ca. 4 Portionen Histaminose, glutenfrei, laktosefrei

40 g	Kürbiskerne	in einer Bratpfanne rösten ohne Fett Beiseite stellen
250 g	Kürbis	vorbereiten, in kleine Würfel schneiden
etwas	Rapsöl	Mit Öl ca. 5-8 min in der Bratpfanne andünsten
½ dl	Rapsöl	
½ dl	Kürbiskernöl	
(wenig	Knoblauchpulver)	zusammen mit dem etwas abgekühlten Kürbis
(wenig	Pfeffer)	und den Kürbiskernen im Mixer pürieren
1 TL	Salz ohne Jod / Fluor	Würzen Abschmecken
evtl. einige EL	Kokosraspel	beifügen zum Verdicken

Kann z.B. als Brotaufstrich oder als Pastasauce verwendet werden

Material
Mixer

Dip-Saucen: Grundrezept

Als Basis für eine Dip-Sauce eignen sich folgende Zutaten:
- Quark: Mager-/Halbfett- oder Rahmquark
- Streichfähiger Frischkäse, besonders würzig: Ziegenfrischkäse

Nur in kleinen Mengen verträglich sind:
- (Naturejoghurt; griechischer Joghurt ist besonders sämig)
- (Crème fraîche)
- (Sauerrahm)

Flüssigkeiten, um eine sämige Konsistenz zu erzielen, falls die Grundmasse zu trocken ist
- Rapsöl, Olivenöl
- Rahm / Sahne ohne Zusatzstoffe
- Milch, Wasser, Apfelsaft

Aromatisieren
- Nach Belieben verträgliche Zutaten dazu geben, siehe nachfolgende Dip-Rezepte
- Abschmecken mit Salz ohne Jod / Fluor oder mit verträglicher Gemüsebouillon (S. 62f), (evtl. wenig Pfeffer)
- Evtl. ansäuern mit Alkoholessig, Verjus oder Ascorbinsäure

Anmerkungen

Im Kühlschrank noch eine Weile ziehen lassen

Vor dem Servieren nochmals kurz verrühren

Dazu passen

Pellkartoffeln (S. 100), Gemüsesticks zum Dippen (S. 163), Folienkartoffeln (S. 156), Grillgemüse (S. 157), Fondue Chinoise (=Brühfondue) oder Fondue Bourguignonne (=Fettfondue)

Kräuter-Dip

Histaminose, glutenfrei

Frische oder getrocknete Kräuter unter die Grundmasse ziehen (siehe Grundrezept S. 58) Geeignet sind z.B.: Petersilie, Thymian, Basilikum, Rosmarin (besonders fein schneiden, da etwas holzig), Kresse, Estragon, Oregano, Majoran, ...

Mindestens 1 h in den Kühlschrank stellen, damit sich das Aroma entfalten kann

Schnittlauch-Dip

Histaminose, glutenfrei

Schnittlauch klein schneiden und unter die Grundmasse ziehen (S. 58)

(Evtl. zusätzlich ganz wenig Knoblauchpulver verwenden, sofern verträglich)

Mit Schnittlauch garnieren

Schnittlauch ist in zu großen Mengen unverträglich.

Curcuma-Dip

Histaminose, glutenfrei

Unter die Grundmasse (S. 58) mischen:

1 TL Curcumapulver

1 EL Zucker

Mit Alkoholessig abschmecken. Evtl. mit Paprikapulver den Farbton variieren

(Evtl. wenig Knoblauchpulver und Ingwerpulver je nach Verträglichkeit zugeben)

Minzen-Dip

Histaminose, glutenfrei

Pfefferminzblätter, Zitronenmelisseblätter und etwas frischen Zitronenthymian sowie ganz wenig Lavendelblättchen oder -blüten fein schneiden und unter die Grundmasse (S. 58) mischen

Mit wenig Honig / Zucker / Pfefferminzsirup / Goldmelissesirup (ohne unverträgliche Zutaten) eine leicht süßliche Note geben

Mit Pfefferminzblättern garnieren

Paprika-Dip

Rezept für 4 Portionen *Histaminose, glutenfrei*

½	rote Spitzpaprika	
wenig	weiße Zwiebel	in möglichst kleine Würfelchen schneiden
2 EL	Rapsöl	
1 EL	Flüssighonig / Agavendicksaft	In einer Bratpfanne mit etwas Honig im heißen Öl anbräunen
1 kleiner Schuss	histaminfreier Weißwein	ablöschen, etwas einkochen lassen Abkühlen lassen
ca. 100 g	Quark	
ca. 100 g	streichfähiger Frischkäse ohne Zusatzstoffe	vermischen
evtl. wenig	Milch	nach und nach zugeben, sämig rühren
1-4 EL	Paprikapulver, mild	zugeben, gut vermischen
evtl. 1 TL	Alkoholessig 4,5 %	
etwas	Salz ohne Jod / Fluor	abschmecken

Gebratene Paprika dazu geben, gründlich vermischen

Mindestens 1 h in den Kühlschrank stellen, damit sich das Aroma entfalten kann Gelegentlich umrühren

Paprika-Dip, einfach

Rezept für 4 Portionen *Histaminose, glutenfrei*

ca. 150 g	Quark	in ein Schälchen geben
1-4 EL	Paprikapulver, mild	zugeben
etwas	Salz ohne Jod / Fluor	
(evtl. wenig	Pfeffer)	zugeben
evtl. etwas	Zucker	Gut vermischen
evtl. 1 TL	Alkoholessig 4,5 %	Abschmecken
evtl. wenig	rote Spitzpaprika	in möglichst kleinen Würfelchen zugeben

Mindestens 1 h in den Kühlschrank stellen. Gelegentlich umrühren

Zaziki-Dip, Tsatsiki-Dip

Rezept für 4 Portionen   Histaminose, glutenfrei

ca. 150 g	Quark	in ein Schälchen geben
ca. 100 g	Salatgurke	schälen und möglichst fein würfeln oder grob reiben Abtropfen lassen oder auspressen
¼	weiße Zwiebel	sehr fein hacken
(wenig	Knoblauchpulver)	zugeben
etwas	Petersilie	fein hacken, zugeben
evtl. wenig	Rapsöl / Olivenöl	nach und nach zugeben, sämig rühren
etwas	Salz ohne Jod / Fluor	
nach Belieben	Kräuter der Provence	
(evtl. wenig	Pfeffer)	zugeben
evtl. wenig	Zucker	Gut vermischen
ca. 1 EL	Alkoholessig 4,5 %	Abschmecken

1 h in den Kühlschrank stellen, damit sich das Aroma entfalten kann
Gelegentlich umrühren
Mit etwas frischer Petersilie garnieren

Gemüsebrühe, kinderleicht selbst gemacht

Rezept für ca. 4-9 dl Histaminose, glutenfrei, laktosefrei

Bei den folgenden Arbeiten gut auf die Hygiene achten

ca. 300-700 g	Suppengemüse und -kräuter nach Belieben: Petersilie, Pastinaken, Karotten, Sellerie, Spitzpaprika, weiße Zwiebel, (evtl. je nach Verträglichkeit wenig Lauch, Knoblauch)	gut waschen, vorbereiten Entweder mit dem Messer möglichst klein hacken oder in einem Mixer einen kurzen Augenblick hacken, so dass es stark zerkleinert, aber nicht zu Brei wird (siehe Bild)
15 %	Salz ohne Jod / Fluor, entspricht rund 17 g Salz pro 100 g Gemüse	Salz genau abwiegen (Gewicht des Gemüses geteilt durch sechs = Salzmenge)
ca. 2 EL	Alkoholessig mit 9% Säuregehalt, oder 4 EL mit 4,5 %	Salz und Essig zugeben Mischen

Gläser und Deckel sterilisieren oder zumindest heiß ausspülen
Gemüsebrühe roh in die leeren Gläser füllen

reichlich	Rapsöl oder Olivenöl	2 cm hoch mit Öl überschichten

Deckel verschließen und im Kühlschrank im Nullgradbereich aufbewahren

Material

Einmachgläser / Konfitürengläser, Standmixer von Vorteil

Anmerkungen

Diese vegetarische Bouillon verleiht vielen Gerichten die richtige Würze. Im Kühlschrank bis 6 Monate haltbar

Petersilie als Hauptbestandteil verwenden, sonst wird die Bouillon zu wenig kräftig

Das Salz und die Säure des Essigs sorgen nicht nur für einen kräftigeren Geschmack, sondern dienen auch der Konservierung. Das Salz bitte genau abwiegen!

Durch Überschichten mit Öl wird das Ganze luftdicht abgeschlossen, was ebenfalls vor dem Verderb schützt.

Gemüsebouillon-Pulver

Rezept für ca. 1 Konfitürenglas Histaminose, glutenfrei, laktosefrei

700 g	Suppengemüse und -kräuter nach Belieben: Pastinaken, Karotten, Petersilie, Sellerie, Spitzpaprika, weiße Zwiebel, (evtl. je nach Verträglichkeit wenig Lauch, Knoblauch, Liebstöckel = Maggikraut)	im Mixer oder von Hand sehr fein hacken, aber nicht zu Brei pürieren. Auf zwei mit Backpapier belegten Blechen verteilen. Je kleiner die Stücke sind, umso rascher sind sie trocken.

Trocknen: ca. 2-3 Stunden unter- und oberhalb der Mitte des auf ca. 100 °C vorgeheizten Ofens, ohne Umluftfunktion. Dabei die Ofentür mit einem Kellenstiel einen Spalt breit offen halten.

Gemüse alle 30-40 Minuten wenden. Nach der Hälfte der Trocknungszeit Bleche in der Höhe austauschen

Danach auskühlen lassen

120 g	Salz ohne Jod / Fluor, entspricht rund 17 g Salz pro 100 g Gemüse	mit dem getrockneten Gemüse vermischen und portionenweise im Mixer sehr fein hacken

In ein Glas füllen und gut verschließen

Haltbarkeit: trocken und dunkel aufbewahrt mindestens sechs Monate haltbar

Material

Backofen, Backbleche, Backpapier, Mixer

1) Standmixer   2) Fein gehacktes Gemüse

3) Trocknen im Backofen   4) Getrocknetes Gemüse

5) Im Mixer mit dem Salz fein hacken   6) Fertiges Gemüsebouillonpulver

Bratensauce, Fleischbouillon

Rezept (zum Einfrieren auf Vorrat)   Histaminose, glutenfrei, laktosearm

4-6 EL	Olivenöl	
ca. 200 g	billige Frischfleischabschnitte vom Rind / Schwein aus der Metzgerei: sehniges / fettes „Abfallfleisch", Kalbsschwanz o.ä.	Gemüse in grobe Stücke schneiden
1-4	Kalbsknochen / Markbeine = Knochenstücke mit Mark	Öl erhitzen und darin das Gemüse mit dem Fleisch in einer großen Bratpfanne bei großer Hitze braten Immer wieder wenden bis die Stücke ausgeprägte braune Röstspuren haben
1	weiße Zwiebel	
2-4	Karotten	
etwas	Pastinaken / Sellerie / Stangensellerie	
1 Handvoll	Petersilie, frisch, gehackt	
ca. 1 dl	histaminfreier Rotwein	ablöschen, auf ½ einkochen
ca. 6 dl	Wasser	
2-6 Zweige	Thymian	
evtl. wenig	Wacholder, Kümmelsamen, Nelke, Pfeffer, Lorbeer	dazu geben 1 h einkochen lassen, bis das meiste Wasser verdampft ist
evtl. 1 EL	Paprikapulver, mild	

Knochen entnehmen, ausgeschabtes Knochenmark zurück in die Pfanne geben
Brühe durch ein Passiersieb in einen Kochtopf gießen; dabei die weichgekochten Gemüseteile mit einer Suppenkelle durch das Sieb drücken
Den Rest anderweitig verwenden (Suppe?) oder wegwerfen

etwas	Salz ohne Jod / Fluor	in die Sauce geben
40 g = 4 EL	Butter	Mit Mixer schaumig rühren

Auch zum Einfrieren geeignet (in einem Einweg-Eiswürfelbeutel portionieren)

Material

Große Bratpfanne, großes feinmaschiges Sieb (Passiersieb)

Anmerkungen

Nicht zu heiß braten, nichts anbrennen lassen, sonst entstehen Bitterstoffe anstatt Röstaromen

Zu dünnflüssige Sauce kann mit ½ TL Stärke gebunden werden (in kalter Flüssigkeit lösen, beifügen, unter Umrühren aufkochen, einige Minuten ziehen lassen).

Suppen

Gemüsesuppe mit Quarkklößchen

Rezept für 4 Portionen Histaminose, (gluten- und laktosefreie Variante möglich)

Zutaten für die Suppe:

viel	Gemüse nach Belieben: z.B. Karotten, Pastinaken, Chinakohl, Broccoli, Zucchini, weiße Zwiebel, Spitzkohl, wenig Sellerie	Gemüse waschen, zerkleinern, in die kochende Bouillon geben Ca. 15-30 min zugedeckt bei schwacher Hitze kochen
etwas	verträgliche Gemüsebouillon S. 62f oder Salz ohne Jod / Fluor	
ca. 8 dl	Wasser	

Zutaten für die Klößchen:

250 g	Magerquark	
50 g	UrDinkelmehl oder Reismehl oder Stärke	
2	Eigelb	
einige Zweige	Basilikum	Zutaten für die Klößchen gut zu einem Teig vermengen
etwas	Salz ohne Jod / Fluor	Mit zwei Esslöffeln Bällchen abstechen und in der fast fertigen Suppe für 10 min ziehen lassen
etwas	Paprikapulver, mild	
(evtl. wenig	Pfeffer, fein gemahlen)	

Anmerkungen

Verträgliche Bouillon wählen! Geschmacksverstärker (Glutamate), Würze, Hefeextrakt, Fleischextrakte, jodiertes oder fluoridiertes Salz sowie unverträgliche Gewürze und Gemüse sollten nicht enthalten sein.

Scharfe Gewürze zurückhaltend verwenden, da nicht gut verträglich

Reismehl oder Stärke kleben weniger gut als Dinkelmehl und sollten hier nur verwendet werden, wenn wegen Gluten-Allergie / Zöliakie / Sprue auf Dinkel verzichtet werden muss.

Bei Laktose-Unverträglichkeit laktosefreien Quark verwenden

Variationen

Gemüse zuerst mit 1 EL heißem Rapsöl andünsten, dann mit Bouillon ablöschen.

Zucchinisuppe

Rezept für 4 Portionen Histaminose, glutenfrei, laktosefreie Variante möglich

etwas	Butter oder Rapsöl / Olivenöl	im Kochtopf erhitzen
½ kleine	weiße Zwiebel, gehackt	im Öl andünsten, bis die Zwiebelstücke leicht glasig sind (ggf. Grieß mitdünsten, siehe unten)
(evtl. wenig	Knoblauch, frisch oder Pulver)	
5 dl	Wasser	zum Ablöschen zugeben und zum Kochen bringen
evtl. etwas	Kartoffelpüreepulver (ohne Konservierungsstoff) oder Hirse- / Dinkel- / Maisgrieß	unter Umrühren dazu geben zum Andicken
ca. 500 g	Zucchini, zerkleinert / gehobelt	
4 EL	verträgliche Gemüsebouillon S. 62f (ohne Glutamat / Hefeextrakt)	zugeben
etwas	Salz ohne Jod / Fluor	Zugedeckt ca. 10 min unter gelegentlichem Rühren köcheln lassen
nach Belieben	frische Petersilie, gehackt	

Mit dem Mixer pürieren
Evtl. mit wenig Wasser verdünnen

einzelne	Petersilienblätter	als Garnitur
nach Belieben	Sahne / Rahm ohne Zusatzstoffe	zum Verfeinern/Garnieren

In Teller abfüllen und mit Petersilienblättern und etwas Rahm garniert servieren

Material
Mixer mit Pürieraufsatz

Broccolicremesuppe

Rezept für 4 Portionen Histaminose, glutenfrei, laktosefreie Variante möglich

etwas	Butter oder Rapsöl / Olivenöl	im Kochtopf erhitzen
¼ kleine	weiße Zwiebel, gehackt	
(evtl. wenig	Knoblauch, frisch oder Pulver)	im Öl glasig dünsten
5 dl	Wasser	zum Ablöschen zugeben Zum Kochen bringen
ca. 500 g	Broccoli, zerkleinert	
4 EL	verträgliche Gemüsebouillon S. 62f (ohne Glutamat / Hefeextrakt)	zugeben Zugedeckt ca. 10 min unter gelegentlichem Rühren köcheln lassen
etwas	Salz ohne Jod / Fluor	
nach Belieben	frische Petersilie, gehackt	

Mit dem Mixer pürieren
Evtl. mit wenig Wasser verdünnen
Mit Salz abschmecken

einzelne	Petersilienblätter	als Garnitur
nach Belieben	Sahne / Rahm ohne Zusatzstoffe	zum Verfeinern/Garnieren
(evtl. 2 EL	Mandelscheibchen)	in Bratpfanne kurz rösten zum Verfeinern/Garnieren

In Teller abfüllen
Mit Petersilienblättern und etwas Rahm garniert warm servieren

Material
Mixer mit Pürieraufsatz

Variationen
Mit 1 dl histaminfreiem Weißwein ablöschen, dann noch 4 dl Wasser dazu geben
Bei Laktoseunverträglichkeit den Rahm weglassen und stattdessen evtl. etwas mehr Öl zugeben oder durch laktosefreie Milch / Rahm ersetzen

# Karottensuppe

Rezept für 4 Portionen Histaminose, glutenfrei, (laktosefreie Variante möglich)

350 g	Karotten	schälen und klein schneiden
1 kleine	weiße Zwiebel	grob hacken
2 EL	Olivenöl oder hoch erhitzbares Rapsöl	in einem Kochtopf erhitzen und darin die Zwiebel und die Karotten andünsten
evtl. 1 EL	Zucker	beifügen und leicht karamellisieren lassen
4 dl	Wasser	Gemüse ablöschen
2 EL	verträgliche Gemüsebouillon S. 62f (ohne Glutamat / Hefeextrakt)	beifügen

Suppe aufkochen, bei schwacher Hitze köcheln lassen, bis die Karotten weich sind
Pürieren und nochmals kurz aufkochen

1 dl	Rahm / Sahne ohne Zusatzstoffe	zugeben
etwas	Salz ohne Jod / Fluor	abschmecken, würzen
1-2 dl	Vollrahm / Sahne ohne Zusatzstoffe	kühlschrankkalt in einem hohen, schmalen Gefäß schlagen, Suppe in Tellern, Schalen oder Tassen anrichten und mit einem Sahnehäubchen und einem Petersilienblatt garnieren
evtl. einige	Petersilienblätter	

Material

Mixer mit Pürieraufsatz, sowie Rühraufsatz (oder Schneebesen)

Variationen

Mit 1 dl histaminfreiem Weißwein ablöschen, dann noch 3 dl Wasser dazu geben
Bei Laktoseunverträglichkeit Rahm weglassen und stattdessen evtl. etwas mehr Öl zugeben oder durch laktosefreie Milch / Rahm ersetzen
Mit Safran verfeinern
(Evtl. mit wenig frischem oder kandiertem Ingwer würzen, sofern verträglich)

Anmerkungen

Verträgliche Bouillon wählen! Geschmacksverstärker (Glutamate), Würze, Hefeextrakt, Fleischextrakte, jodiertes Salz sowie unverträgliche Gewürze und Gemüse sollten nicht enthalten sein. Bouillon nach Herstellerangaben oder nach Belieben dosieren

Kürbissuppe

Rezept für 4 Portionen   Histaminose, glutenfrei, laktosefreie Variante möglich

etwas	Butter oder Rapsöl / Olivenöl	im Kochtopf erhitzen
¼ kleine	weiße Zwiebel, gehackt	
(evtl. wenig	Knoblauch, frisch oder Pulver)	im Öl glasig dünsten
5 dl	Wasser	zum Ablöschen zugeben und zum Kochen bringen
ca. 500 g	Kürbis, zerkleinert	
evtl. 1	Kartoffel, mehligkochend, zerkleinert oder etwas Kartoffelpüreepulver ohne Konservierungsstoffe	
4 EL	verträgliche Gemüsebouillon S. 62f (ohne Glutamat / Hefeextrakt)	die weiteren Zutaten ins Wasser geben Zugedeckt ca. 10 min unter gelegentlichem Rühren köcheln lassen
etwas	Salz ohne Jod / Fluor	
evtl. wenig	Stangensellerie, zerkleinert	
nach Belieben	frische Petersilie, gehackt	

Mit dem Mixer pürieren
Evtl. mit wenig Wasser verdünnen

einzelne	Petersilienblätter	als Garnitur
nach Belieben	Rahm / Sahne ohne Zusatzstoffe	zum Verfeinern / Garnieren

In Teller abfüllen und mit Petersilienblättern und etwas Rahm garniert servieren

Material

Mixer mit Pürieraufsatz

Variationen

Mit 1 dl histaminfreiem Weißwein ablöschen, dann noch 4 dl Wasser dazu geben

Wasser / Rahm nach Belieben durch Kokosmilch ohne unverträgliche Zusatzstoffe ersetzen (und je nach Verträglichkeit evtl. mit ganz wenig Ingwer verfeinern)

Bei Laktoseunverträglichkeit Rahm weglassen und stattdessen evtl. etwas mehr Öl zugeben oder durch laktosefreie Milch / Rahm ersetzen

Rote-Bete-Suppe, Randensuppe

Rezept für 4 Portionen   Histaminose, glutenfrei, laktosefreie Variante möglich

1-2 EL = 10-20 g	Butter oder Rapsöl / Olivenöl		im Kochtopf erhitzen
1	weiße Zwiebel, gehackt		
(evtl. wenig	Knoblauch, frisch oder Pulver)		im Öl glasig dünsten
ca. 400 g	Rote Bete, roh		Rote Bete zerkleinern
1 TL	Kümmel		1-2 min mitdünsten
4 dl	Wasser		
(evtl. 2 dl	Kokosmilch		Ablöschen
	ohne unverträgliche Zusatzstoffe)		Zum Kochen bringen
2 EL	verträgliche Gemüsebouillon S. 62f		
	(ohne Glutamat / Hefeextrakt)		
etwas	Salz ohne Jod / Fluor		
wenig	Zucker		
(wenig	Ingwer)		Würzen
(wenig	Koriander)		Zugedeckt bei kleiner
(evtl. wenig	Pfeffer)		Hitze ca. 30 min köcheln lassen
evtl. wenig	Pfefferminzblätter		

Mit dem Mixer pürieren

Evtl. mit wenig Wasser verdünnen

Material

Mixer mit Pürieraufsatz

Gazpacho

Eine kalte Suppe aus rohem Gemüse, ideal für heiße Sommertage

Rezept für 4 Portionen   Histaminose, (laktosefreie Variante möglich)

1	Salatgurke	schälen und würfeln
1-2	rote Paprika	entkernen und würfeln
¼ kleine	weiße Zwiebel	hacken
(evtl. wenig	Knoblauchpulver)	beifügen
ca. 50 g	verträgliches altes Brot S. 165ff	würfeln und in wenig Wasser einweichen
evtl. 1	Eidotter von einem hart gekochten Ei	Alle Zutaten mit dem Mixer pürieren
2-3 EL	Olivenöl oder Rapsöl	
1-2 dl	kaltes Wasser	nach Belieben verdünnen
1 EL	verträgliche Gemüsebouillon S. 62f	
etwas	Salz ohne Jod / Fluor	
(evtl. wenig	fein gemahlener Pfeffer)	abschmecken, würzen
evtl. einige	Basilikumblätter, frisch gepflückt	zum Garnieren

Vor dem Genießen gut aufrühren, evtl. mit Trinkhalm servieren

Material

Mixer mit Pürieraufsatz

Anmerkungen

Verträgliche Brotsorte wählen (am besten selbst gebacken)

Verträgliche Bouillon wählen. Geschmacksverstärker (Glutamate), Würze, Hefeextrakt, Fleischextrakte, jodiertes Salz sowie unverträgliche Gewürze und Gemüse sollten nicht enthalten sein. Bouillon nach Herstellerangaben oder nach Belieben dosieren

Variationen

Als Garnitur mit fein gehacktem Gemüse bestreuen

Mit etwas Alkoholessig abschmecken

Grüne statt rote Paprika verwenden

Evtl. Rahm / Sahne / streichfähigen Frischkäse ohne Zusatzstoffe beifügen

Salatdressing: Auswahl möglicher Zutaten

Tipp: Je nach Saison, Lust und Laune immer wieder andere Kombinationen ausprobieren, damit der Salat nicht immer gleich schmeckt

Säuren

Am besten eignet sich:

Alkoholessig = Branntweinessig = Weingeistessig = Essigessenz = distilled vinegar (In vielen Supermärkten erhältlich. Säuregehalt beachten und wenn nötig verdünnen! Normaler Essig hat rund 4,5 % Säure. Sparsam verwenden, da nicht ganz histaminfrei! Produkte mit Farb- oder Konservierungsstoffen meiden!)

Weitere Möglichkeiten:

Verjus (= Saft unreifer Trauben, milde, fruchtige Säure)

Ganz wenig Apfelessig ist evtl. für einige ausreichend verträglich.

1 Messerspitze Ascorbinsäure = Vitamin C-Pulver eignet sich sehr gut bei Mastzellerkrankungen, ist aber ein schwacher DAO-Hemmer.

(Evtl. 1 Messerspitze Citronensäure. Verträglichkeit umstritten.)

(Keinen Zitronensaft verwenden!)

Öle

Rapsöl (gesund, geschmacksneutral)

Albaöl® (besonders gesunde Rapsöl-Sorte mit Buttergeschmack, laktosefrei, zum Braten geeignet)

Olivenöl (unverträglich bei Salicylat-Intoleranz, ansonsten verträglich)

Leinöl (sehr gesund, entbittertes Produkt wählen wegen Eigengeschmack)

Distelöl

Vermutlich sind die meisten Pflanzenöle verträglich. Nussöle eher meiden oder vorsichtig austesten. Sonnenblumenöl ist eher entzündungsfördernd, aber nicht konsequent zu meiden.

Verdickungsmittel, Emulgatoren

Quark

Ziegenfrischkäse (sehr würzig)

Frischkäse streichfähig (ohne Konservierungsmittel und ohne Verdickungsmittel / Stabilisatoren!)

Joghurt (nur bedingt verträglich)

Rahm = Sahne (flüssig, verderblich)

Eigelb roh (nur ganz frische Eier)

Gewürze

Salz (ohne Jod- / Fluorzusatz)

Küchenkräuter, frisch oder getrocknet (Schnittlauch nur in kleinen Mengen)

Weiße Zwiebel, gehackt

Paprikapulver, mild

(Evtl. wenig Knoblauchpulver)

(Evtl. verträgliche Kräutersalze)

Allgemeine Zubereitungshinweise

Dressing-Zutaten nach Belieben mischen und kalt verwenden

Salz, Gewürze und Kräuter sowie pulverförmige Säuren zuerst in die wässrige Flüssigkeit (Essig) geben und vermischen; erst danach das Öl zugeben und kräftig verrühren

Haltbarkeit: im Kühlschrank je nach Rezept einige Tage

Rasch welkende Salate (Blattsalate) erst kurz vor dem Servieren mit dem Dressing vermischen. Andere Salate (Kohl-, Rote Bete-, Sellerie-, Kartoffelsalat) werden hingegen besser, wenn das Dressing einige Stunden einziehen kann.

Ungeeignet sind Senf, Streuwürze mit Geschmacksverstärkern (Glutamat, Hefeextrakt), Maggi, Aromat, Sojasauce, Worcestersauce, Essig, Mayonnaise, Kräutersalze mit Kelp oder anderen Algen, Pilze.

Ein wenig Weißkohl dazu hobeln verleiht dem Salat eine senfähnliche Schärfe.

Dressing Minimalvariante

Salat kann man auch ganz ohne Säure anmachen, z.B. wenn beim Auswärtsessen im Restaurant nichts Anderes verfügbar ist:

Rezept für 1 Portion Histaminose, glutenfrei, laktosefrei

1 Prise	Meersalz	Salat ohne Dressing bestellen, Salz und Öl
ca. 1-3 EL	Olivenöl / Rapsöl	verlangen und selbst dazu geben

Grundrezept "Italian Dressing"

Rezept für 4 Portionen   Histaminose, glutenfrei, laktosefrei

3 EL	Alkoholessig 4,5 % ohne Konservierungs- / Farbstoffe	in der leeren Salatschüssel vermischen
evtl. ¼	weiße Zwiebel, gehackt	
2 Prisen	Salz ohne Jod / Fluor oder Gemüsebouillonpulver S. 63	Würzen nach Belieben
nach Belieben	Gewürze: Kräuter, Paprikapulver, (evtl. ganz wenig Pfeffer)	Die Würzstoffe sollen sich zuerst in dieser wässrigen Phase auflösen.
(evtl. wenig	Knoblauchpulver)	
6 EL	Rapsöl oder Olivenöl	dazu geben und kräftig mit den anderen Zutaten verrühren

Salat dazu geben und mischen

Weißes Salatdressing, dickflüssig

Rezept für 4 Portionen   Histaminose, glutenfrei

3 EL	Alkoholessig 4,5 % ohne Konservierungs- / Farbstoffe	in der leeren Salatschüssel vermischen
evtl. ¼	weiße Zwiebel, gehackt	
2 Prisen	Salz ohne Jod / Fluor oder Gemüsebouillonpulver S. 63	Würzen nach Belieben
nach Belieben	Gewürze: Salatkräuter, Paprikapulver, (evtl. ganz wenig Pfeffer)	Die Würzstoffe sollen sich zuerst in dieser wässrigen Phase auflösen.
(evtl. wenig	Knoblauchpulver)	
4-6 EL	streichfähiger Frischkäse / Ziegenfrischkäse / Quark / (Joghurt) ohne Konservierungsstoffe, ohne Verdickungsmittel, ohne Stabilisatoren	dazu geben und kräftig mit den anderen Zutaten verrühren
evtl. 2 EL	Rapsöl, Olivenöl, Leinöl	

Salat dazu geben und mischen

Grüner Blattsalat

Rezept für 4 Portionen   Histaminose, glutenfrei, laktosefreie Variante möglich

ca. ½-1	Salatkopf: beliebige Sorte (außer Rucola)	vorbereiten, waschen, abtropfen oder trocken schleudern
evtl. ca. ¼	weiße Zwiebel	schälen, hacken
4 Portionen	Salatdressing S. 76ff	zubereiten

Die Sauce erst kurz vor dem Servieren über den Salat geben

Gemischter Salat

Tipp: Je nach Saison, Lust und Laune immer wieder andere Kombinationen ausprobieren, damit der Salat nicht immer gleich schmeckt. Geeignete Zutaten:

Besser roh

Blattsalate (außer Rucola)

Endiviensalat, Endivie

Frischkäse ohne unverträgliche Zusatzstoffe: Mozzarella, Panir S. 201, ...

Chinakohl

Gurke: Salatgurke

Rettich: Bierrettich, mild

Radieschen

Trauben

Roh oder gekocht

Apfel

Artischockenböden frisch

Blumenkohl

Chicorée

Fenchel

Karotte, Möhre, Mohrrübe, Rüebli

Kochschinken (ohne Hefeextrakt, Glutamat, Würze, Raucharoma, E407)

Kürbis

Pastinaken

Paprika (nur milde Sorten)

Rote Bete = Randen

Rotkohl = Blaukabis

Sellerie: Knollen- / Stangensellerie

grüner Spargel

weiße Zwiebel

Weißkohl, Weißkabis

Zucchini, Zucchetti, auch die Blüten

Nur gekocht

Broccoli, Brokkoli

Frischfleisch: Putenbrust-Streifen, Geschnetzeltes, Braten, Siedfleisch etc.

Maiskörner, (evtl. wenig Dosenmais)

(evtl. wenig Buschbohnen, grüne Bohnen)

Fenchelsalat

Rezept für 4 Portionen Histaminose, glutenfrei, laktosefreie Variante möglich

ca. 1	großer Fenchel, roh	in dünne Streifen hobeln
1-2	Äpfel	entkernen, würfeln oder hobeln
1 dl	Rahm / Sahne ohne Zusatzstoffe	
4 EL	Verjus = Saft unreifer Trauben / weißer Traubensaft	in eine Schüssel geben und mit Fenchel und Apfel vermischen (oder nach Belieben eine andere Salatsauce gemäß S. 76f wählen)
2 Prisen	Salz ohne Jod / Fluor	
(evtl. wenig	Pfeffer)	

Alle Zutaten gut vermischen

Material

Gemüsehobel von Vorteil

Gurkensalat

Rezept für 4 Portionen Histaminose, glutenfrei, laktosefreie Variante möglich

ca. 4 EL	Magerquark / Rapsöl / Olivenöl	
ca. 4 EL	Alkoholessig 4,5 % ohne Konservierungs- / Farbstoffe	
etwas	Salz ohne Jod / Fluor	in eine Schüssel geben und vermischen
(evtl. wenig	Dillspitzen, frisch / getrocknet)	
etwas	weiße Zwiebel, gehackt	
(evtl. wenig	Knoblauchpulver)	Gurke waschen, evtl. schälen, hobeln oder in kleine Würfel schneiden
(wenig	Pfeffer)	
1	Salatgurke	Mit der Sauce vermischen

Material

Evtl. Sparschäler, Gurkenhobel

Variationen

Mit Radieschen und Mozzarellakügelchen (und evtl. Schnittlauch) garnieren

„Griechischer Salat"

Rezept für 4 Portionen Histaminose, glutenfrei

ca. 4 EL	Olivenöl	
ca. 100 g	Ziegenfrischkäse	
ca. 6 EL	Alkoholessig 4,5 % ohne Konservierungs- / Farbstoffe	
etwas	Salz ohne Jod / Fluor	
wenig	Kräuter: Oregano, Petersilie	
(evtl. wenig	Knoblauchpulver)	
(evtl. wenig	Pfeffer)	zu einer Sauce vermischen
1	Salatgurke	
ca. 400 g	Mozzarella / Panir S. 201	
1	Paprika, Spitzpaprika	in Würfel schneiden
½	weiße Zwiebel	in feine Streifen schneiden
evtl. ca. 100 g	Eisbergsalat / Krachsalat	
(evtl. wenige	grüne Oliven, entsteint (verträgliches Produkt wählen))	zerkleinern

Alle Zutaten mit der Sauce vermengen

Karottensalat

Rezept für 4 Portionen Histaminose, glutenfrei, (laktosefrei je nach Dressing)

ca. 400-600 g	Karotten	fein reiben
evtl. ½	weiße Zwiebel	hacken
4 Portionen	Salatdressing S. 76ff	zubereiten und darüber gießen Mischen

Material

Küchenreibe / Raspel / CH: Raffel, Bircherraffel

Variationen

Mit etwas Petersilie (oder Schnittlauch) bestreuen
Geriebene Äpfel / Knollensellerie / Rettich / gelbe Pfälzerrüben darunter mischen

Chinakohlsalat

Rezept für 4 Portionen Histaminose, glutenfrei, (laktosefreie Variante möglich)

ca. 200-300g Chinakohl	in Streifen schneiden
4 Portionen Salatdressing S. 76ff	darüber gießen, mischen

Ein angeschnittener Chinakohlkopf kann verpackt mehrere Tage im Kühlschrank aufbewahrt werden.

Variationen

(Mit etwas Schnittlauch oder Rettichkeimlingen bestreuen)

Mit Radieschen und Mozzarellakügelchen garnieren

Etwas Quark über den Salat geben oder in die Sauce einrühren

Blumenkohlsalat

Rezept für 4 Portionen Histaminose, glutenfrei, laktosefrei

ca. 800 g Blumenkohl	waschen und in mundgerechte Röschen zerteilen
etwas Wasser	Im Kochtopf, dessen Boden mit Wasser bedeckt ist, auf den Siebeinsatz geben
2 Prisen Salz ohne Jod / Fluor	Mit Salz bestreuen Mit aufgesetztem Deckel im Dampf blanchieren, so dass er noch leicht knackig ist. Im Schnellkochtopf nur ½ bis 1 min oder nach Herstellerangabe Warten, bis nicht mehr heiß
4 EL Alkoholessig 4,5 %	zugeben Gut vermischen
4 EL Rapsöl	Mit Salz abschmecken
evtl. wenig Kümmel	Wird noch besser, wenn man ihn einige Stunden im Kühlschrank ziehen lässt

Zwischendurch mehrmals mischen und wenn nötig noch mehr Alkoholessig zugeben

Blumenkohl kann auch roh gegessen werden. Gekocht ist er besser verdaulich.

Hähnchenfilet auf Feldsalat / Nüsslisalat

Rezept für 4 Portionen   Histaminose, glutenfrei, laktosefreie Variante möglich

ca. 200 g	Feldsalat = Nüsslisalat	sorgfältig waschen und vorbereiten
ca. 200 g	Mini-Hähnchenfilets	
2 Prisen	Salz ohne Jod / Fluor	Fleisch würzen
etwas	Paprikapulver, mild	Knusprig braten
etwas	Butter oder Bratbutter	Etwas abkühlen lassen
2 EL	Alkoholessig 4,5 %	
4 EL	Olivenöl oder Rapsöl	
etwas	Paprikapulver, mild	
nach Belieben	Salatkräuter	vermischen
4 EL	Ziegenfrischkäse (oder Hüttenkäse falls ohne unverträgliche Zusatzstoffe)	Feldsalat auf Tellern anrichten Sauce darüber geben
evtl. 2	hartgekochte Eier: nur das zerbröselte Eigelb verwenden	In Streifen geschnittene Filets darüber verteilen

Lauwarmer Spargel-Broccoli-Salat

Rezept für 4 Personen — Histaminose, glutenfrei, laktosearm

ca. 1 Liter	Wasser	
1 EL	Salz ohne Jod / Fluor	zum Kochen bringen
ca. 400 g	Broccoli	in Röschen zerteilen Im Salzwasser blanchieren, bis er fast gar, aber noch leicht knackig ist
ca. 400 g	dünne grüne Spargel	vorbereiten: im unteren Teil die zähe Haut wegschälen und Enden wegschneiden
etwas	Butter	schmelzen und die ganzen Spargel darin gar dünsten
ca. 100 g	verträglicher Kochschinken (ohne Hefeextrakt, Glutamat, Würze, E407)	beifügen Kurz anbraten

Broccoli auf den Tellern anrichten und die Spargel-Schinkenmischung darüber verteilen

Lauwarm oder kalt genießen

Kartoffelsalat

Rezept für 4 Portionen   Histaminose, glutenfrei, (laktosefrei je nach Dressing)

800 g	Pellkartoffeln S. 100	Die gekochten, noch warmen Kartoffeln schälen und in dünne Scheiben schneiden
4 dl	Wasser mit verträglicher Bouillon S. 62f (ohne Glutamat, ohne Hefeextrakt)	aus Konzentrat verdünnen, erwärmen und heiß darüber gießen 30 min zugedeckt ziehen lassen
evtl. 1	weiße Zwiebel, gehackt	
4-8 Portionen	weißes Salatdressing S. 76ff	
nach Belieben	Petersilie, (Schnittlauch), Salatgurke, Radieschen	beifügen Sorgfältig mischen
nach Belieben	Gewürze: Paprikapulver, Kräuter, (wenig Pfeffer)	Einige Stunden im Kühlschrank stehen lassen

Variationen

Mit Radieschen, Petersilienblättern und Mozzarellakügelchen garnieren

Rote-Bete-Salat, Randensalat

Rezept für 4 Portionen   Histaminose, glutenfrei, (laktosefrei je nach Dressing)

ca. 400-600 g	Rote Bete, gekocht	schälen, hobeln
1	weiße Zwiebel	fein hacken
4 Portionen	Salatdressing S. 76ff	zubereiten und darüber gießen
mehrere EL	Alkoholessig 4,5 % oder stärker	zugeben

Gründlich mischen. Wird noch besser, wenn man ihn einige Stunden im Kühlschrank stehen lässt. Evtl. später noch etwas mehr Alkoholessig zugeben.

Material

Gemüsehobel

Anmerkungen

Rote Bete findet man im Laden fertig gekocht und vakuumiert, geschält oder ungeschält.

Weißkohlsalat, Krautsalat, Coleslaw

Rezept für 4 Portionen Histaminose, glutenfrei, (laktosefrei je nach Dressing)

ca. 400-600 g	Weißkohl oder Rotkohl, frisch	fein hobeln oder in sehr dünne Scheiben schneiden (die dabei sofort zu feinen Streifen zerfallen)
evtl. 2-4	Äpfel	fein reiben
evtl. 4	Karotten	Beifügen
evtl. ½	weiße Zwiebel	hacken, beifügen
4 Portionen	Salatdressing S. 76ff	darüber geben (z.B. etwas Alkoholessig mit viel streichfähigem Frischkäse verquirlt)
evtl. 1 TL	Kümmelsamen	dazu geben, alles gut vermischen

Wird noch besser, wenn man ihn einige Stunden im Kühlschrank stehen lässt

Material

Gemüsehobel oder ein großes Messer, Küchenreibe

Krautsalat, warm eingelegt

Rezept für 4 Portionen Histaminose, glutenfrei, laktosefreie Variante möglich

ca. 400-600 g	Weißkohl oder Rotkohl, frisch	fein hobeln bzw. hacken
½	weiße Zwiebel	
nach Belieben	glattblättrige Petersilie	
1½ dl	Wasser mit etwas verträglicher Gemüsebouillon S. 62f	kurz aufkochen Heiß über den Kohl gießen
½ dl	Alkoholessig 4,5 %	
1 EL	Zucker	
evtl. 1 TL	Kümmelsamen	
evtl. 50 g	streichfähiger Frischkäse ohne Konservierungs- / Verdickungsmittel, Stabilisatoren	darunter mischen

Alles gut vermischen und leicht festdrücken

Ziehen lassen

Material

evtl. Gemüsehobel

Reissalat mit Melone und Schinken

Rezept für 2-4 Portionen   Histaminose, glutenfrei

100 g	Langkornreis, keine klebende Sorte	nach Herstellerangaben kochen Abkühlen lassen
1	gelbe Paprika	waschen, entkernen, zerkleinern
evtl. ¼	weiße Zwiebel	schälen, fein hacken
½	Melone: Galia-, Netz-, Honig- oder Charantaismelone	schälen, entkernen In mundgerechte Stücke schneiden
100-200 g	Mozzarella	in mundgerechte Stücke schneiden
80 g	verträglicher Kochschinken (ohne Hefeextrakt, Glutamat, Würze, Raucharoma, E407)	in 1 cm große Stücke schneiden
2-6 Zweige	frisches Basilikum	in Streifen schneiden
1 EL	Alkoholessig 4,5 %	Essig und Gewürze mischen, danach gründlich mit dem Öl verquirlen Alle Zutaten mit dem Dressing vermengen
etwas	Salz ohne Jod / Fluor	
ganz wenig	Pfeffer	
4 EL	Olivenöl oder Rapsöl	

Mindestens 1 Stunde im Kühlschrank stehen lassen

Hirsesalat mit Trauben und Käse

Rezept für 4 Portionen   Histaminose

2½ dl	Wasser	
1 EL	verträgliche Gemüsebrühe S. 62f)	in einem Kochtopf zum Kochen bringen
125 g	Hirsekörner	in die Brühe geben Zugedeckt bei kleiner Hitze 15 min quellen lassen
(300 g	blaue und weiße Weintrauben) oder eine andere verträgliche Frucht	halbieren und mit der Messerspitze entkernen
150 g	(junger(!) Gouda ohne unverträgliche Zusatzstoffe) oder Mozzarella	in ca. 1 cm große Würfel schneiden
¼	weiße Zwiebel	schälen In sehr dünne Halbringe schneiden
2 EL	Olivenöl oder Rapsöl	in einer Schüssel mit der erkalteten Hirse vermischen und würzen
2-3 EL	Alkoholessig 4,5 %	
etwas	Salz ohne Jod / Fluor	
(ganz wenig	Pfeffer)	Danach auch alle übrigen Zutaten dazu geben und mischen Zugedeckt im Kühlschrank 2 h einziehen lassen
evtl. etwas	Koriander	

Fleisch & Fisch

Fleisch à la minute, Kurzbraten

Rezept für 4 Portionen　　　　　　　　　　　Histaminose, glutenfrei, laktosefrei

ca. 2 EL	Olivenöl / Bratfett / Bratbutter	in Bratpfanne geben, erhitzen
400-600 g	geeignetes dünnes Fleischstück: z.B. Schnitzel à la minute	auf beiden Seiten ca. 1-2 min anbraten
nach Belieben	Kräuter, (evtl. wenig Knoblauchpulver und Pfeffer)	darüber streuen
2 Prisen	Salz ohne Jod / Fluor	Salz erst nach dem Braten zugeben

Bratzeit wenige Minuten, abhängig von der Dicke, Art und Lagerung des Fleisches

Braten, Grillen

Beim Braten / Grillen dickerer Fleischstücke geht man grundsätzlich gleich vor wie beim oben beschriebenen Kurzbraten, außer dass diese eine entsprechend längere Bratzeit erfordern. Gut geeignet sind: Geflügelteile, Koteletts, Schnitzel = Plätzli etc. Schlecht verträglich sind besonders lange abgehangene Fleischstücke, z.B. ein gut gereiftes Steak oder geräucherter Speck. Hackfleisch ist meist problematisch, kann jedoch evtl. ausreichend verträglich sein, wenn es sehr frisch ist.

Variationen

Entweder ohne Deckel knusprig braten oder nach dem Anbraten mit Flüssigkeit ablöschen und mit aufgesetztem Deckel bei kleiner Hitze im Dampf garen. Im Dampf ist es schneller und gleichmäßiger gar mit geringerem Energieverbrauch.

Anmerkungen

Frischfleisch unmariniert einkaufen und evtl. selbst marinieren.

Hoch erhitzbares Öl verwenden (bis 180° erhitzbar, steht jeweils auf der Flasche).

Gewürze, insbesondere Paprikapulver, erst am Schluss zugeben. Sie verbrennen leicht.

Auf dem Grillfeuer: Grillschale aus Aluminium oder Blech verwenden. So verhindert man ungesunde Rauchentwicklung durch in die Glut tropfendes Fett.

Extrem empfindliche Personen sollten evtl. die Röstaromen meiden, welche im Bratgut durch die Bräunungsreaktion (Maillard-Reaktion) entstehen, und stattdessen schonendere Garmethoden bevorzugen: Sieden, Niedertemperaturgaren.

SIGHI-Rezeptsammlung – Fleisch & Fisch

Geschnetzeltes: à la minute oder geschmort

Rezept für 4 Portionen   Histaminose, glutenfreie & laktosefreie Variante möglich

2 EL	Olivenöl, hoch erhitzbares Öl	portionenweise im heißen Öl ca. 3 min bei großer Hitze anbraten: Zunächst unbewegt einseitig bräunen, dann wenden Aus der Pfanne nehmen Zugedeckt warm stellen
ca. 600 g	geschnetzeltes Fleisch: teure zarte bindegewebsarme Qualität vom Kalb, Rind, Schwein oder Geflügel für die Zubereitung à la minute	
1 EL	Bratbutter / Olivenöl	in derselben Bratpfanne erhitzen
1	weiße Zwiebel, gehackt	beifügen und bei mittlerer Hitze 2-4 min glasig dünsten
½ TL	Salz ohne Jod / Fluor	darüber streuen
1-2 EL	UrDinkelmehl oder Stärke	sofort mischen
1 dl	histaminfreier Weißwein	ablöschen, halb einköcheln lassen
etwas	Gewürze: z.B. Salz ohne Jod / Fluor, mildes Paprikapulver, Rosmarin, Thymian, Petersilie, Zitronenthymian, Zitronenmelisse	Gewürze in der Flüssigkeit verrühren In Pfanne geben, kurz aufkochen
1-2 dl	Wasser mit verträglicher Bouillon S. 62f oder Bratensauce S.65	Angebratenes Fleisch zugeben Auf kleiner Stufe unter gelegentlichem Umrühren einige min köcheln lassen Evtl. Wasser nachgießen
1 dl	Milch oder Rahm / Sahne ohne Zusatzstoffe	
1 dl	Rahm / Sahne ohne Zusatzstoffe	halbsteif schlagen und kurz vor dem Servieren darüber geben
etwas	Petersilie, gehackt	darüber streuen zum Garnieren

Anmerkungen

Nur kleine Fleischportionen auf einmal in die Pfanne geben, so dass der Boden der Pfanne knapp mit einer Lage Fleisch bedeckt ist. Sonst reicht die Hitze nicht aus; es beginnt zu saften und wird zäh.

Günstigere bindegewebsreiche Fleischqualitäten etwas länger anbraten und anschließend in der Flüssigkeit **schmoren**, damit es zarter wird. **Schmorzeiten:** Kalb und Geflügel 5-8 min, Schwein 15-20 min, Rind 30-40 min. Den Metzger fragen.

Dazu wird traditionell eine knusprig gebratene Kartoffelrösti (S. 101) serviert.

Geschnetzeltes an Paprika-Rahmsauce

Wie auf S. 91 zubereiten, jedoch viel Rahm (ohne Zusatzstoffe) und 1-2 TL mildes Paprikapulver beifügen. Evtl. zusätzlich fein gehackte Paprikastücke mit der Zwiebel mitdünsten

Fleisch, herbstsüß angebraten

Rezept für 4 Portionen   Histaminose, glutenfrei, laktosefrei

ca. 400 g	(Trauben) oder Apfel, Melone, Nektarine	entkernen, in mundgerechte Stücke schneiden
2 EL	Honig, flüssig bis gut streichbar / Agavendicksaft	über die Trauben träufeln und beiseite stellen
wenig	Olivenöl / Bratbutter	in eine kleine Bratpfanne geben erhitzen
400-800 g	geeignetes Fleischstück, z.B. Hähnchenbrust, Putenschnitzel	ins heiße Öl oder Fett geben Beidseitig anbraten Fleisch beidseitig dünn mit ganz wenig Honig bestreichen, weiterbraten
½ TL	Salz ohne Jod / Fluor	darüber streuen
1 dl	histaminfreier Wein, z.B. Rotwein	zum Ablöschen dazu gießen
nach Belieben	frische Zitronenmelissenblätter oder Pfefferminzblätter	sofort die Früchte und ⅓ der Melissen-/Minzenblätter dazugeben
nach Belieben	frische Kräuter: z.B. Thymian, Zitronenthymian, Salbei, Lavendel, Bohnenkraut, Kräuter der Provence	zugeben Zugedeckt auf kleiner Stufe weiter ziehen lassen

Auf einem Teller anrichten und mit den übrigen Melissenblättern garnieren

Anmerkungen

Hoch erhitzbares Öl verwenden (bis 180° erhitzbar, steht meist auf der Flasche)

Die im Honig und im Agavendicksaft enthaltenen Einfachzucker verstärken das Röstaroma, wenn sie karamellisieren.

Paniertes Schnitzel, Piccata

Rezept für 2-4 Personen Histaminose, laktosefreie Variante möglich

ca. 1 Handvoll	UrDinkelmehl	in einen flachen Teller streuen
1-2 2 EL	Eigelb Wasser oder Milch	in einem zweiten flachen Teller verquirlen
ca. 2 Handvoll	Dinkel-Paniermehl / zerbröseltes trockenes verträgl. UrDinkelbrot S. 165ff	in einen dritten flachen Teller streuen
4	Schnitzel oder andere geeignete Stücke: Schwein, Rind, Kalb, Geflügel, Gemüse	Beidseitig mit Salz und wenig Pfeffer würzen
etwas	Salz ohne Jod / Fluor, (Pfeffer)	

Fleisch im Mehl wenden, beidseitig durch das verquirlte Eigelb ziehen, im Paniermehl wenden

reichlich	Bratbutter oder Olivenöl	in Bratpfanne erhitzen

Erst wenn das Öl heiß ist, die panierten Schnitzel in die Pfanne legen
Bei mittlerer bis großer Hitze goldbraun braten. Vorsichtig wenden
Bratzeit wenige Minuten, abhängig von der Dicke, Art und Lagerung des Fleisches

etwas	Petersilie	zum Garnieren

Heiß servieren

Variationen

Das rohe Fleisch zwischen zwei Klarsichtfolien legen und mit einem Fleischklopfer (oder ähnlichem Gegenstand) flach schlagen, um das Fleisch zarter zu machen

Nebst Fleisch eignen sich auch dünne Zucchini-, Kürbis-, Rote-Bete- oder Selleriescheiben, die aber vor dem Panieren evtl. zuerst vorgegart werden müssen.

Anmerkungen

So viel Öl verwenden, wie für die ausreichende Wärmeübertragung zwischen Pfanne und Panierung notwendig ist. Bei zu wenig Öl verkohlen einzelne Brösel mit direktem Kontakt zur Pfanne, während die restliche Oberfläche hell bleibt.

Auf gutes Timing achten: Die fertig panierten Schnitzel sollten nicht zu lange liegen bleiben, sondern möglichst rasch in die Pfanne kommen, sonst haftet die Panierung nicht mehr gut. Wenn jedoch das Öl nicht von Anfang an heiß genug ist, saugt sich die Panierung mit Öl voll. Öl nicht überhitzen.

Um der Panierung überschüssiges Fett zu entziehen, können die fertig gebackenen Stücke kurz auf Küchenpapier gelegt werden.

Cordon bleu

Rezept für 4 Stück — Histaminose

4 große	Schnitzel, ca. ½ cm dick	beidseitig mit Salz (und evtl. wenig Pfeffer) würzen
etwas	Salz ohne Jod / Fluor	
8 Scheiben	verträglicher Kochschinken (ohne Hefeextrakt, Glutamat, Würze, Rauch, E407)	Schnitzel 1 Mal falten Zwei Scheiben Schinken mit einer dünnen Lage verträglichem Käse dazwischen ins Schnitzel legen
(2 Scheiben	junger(!) Gouda in Scheiben) oder Mozzarella	Mit Zahnstochern fixieren

Panieren und braten wie auf S. 93 beschrieben, jedoch mit längerer Bratzeit

Anmerkungen

Mozzarella ist besser verträglich als der aromatischere junge Gouda, bei dem ausprobiert werden muss, welche Produkte man verträgt. Je jünger, desto besser verträglich.

Schnitzel im Saft, Saftplätzli

Rezept für 4 Personen — Histaminose, glutenfrei, laktosefrei

	2 weiße Zwiebeln	schälen, hacken
nach Belieben	Karotten, Pastinaken, Stangen- oder Knollensellerie, Petersilienstängel	
nach Belieben	Küchenkräuter, z.B. Salbei, Rosmarin, Thymian	
evtl. 50 g	Kochschinken (ohne Glutamat, Hefeextrakt, Würze, E407)	klein schneiden
1 EL	Olivenöl, Rapsöl oder Butter	in einen Kochtopf geben
4	Schnitzel: Schulter, Keule (=Stotzen) oder Hals vom Rind / Kalb / Schwein, 5 mm bis maximal 1 cm dick geschnitten	Alle Zutaten lagenweise in den Topf schichten (zuunterst etwas Gemüse, dann abwechselnd Fleisch und Gemüse darüber) und jede Lage mit etwas Salz und Kräutern bestreuen
½ TL	Salz ohne Jod / Fluor	

Bei großer Hitze erwärmen, dann bei kleiner Hitze zugedeckt dämpfen
Falls nötig zwischendurch etwas Wasser oder histaminfreien Wein dazu gießen
Nach der halben Garzeit den Inhalt wenden
Garzeiten: Rind 1 bis 1½ h, Schwein 30-40 min

Kalbsragout an weißer Sauce

Rezept für 4 Personen   Histaminose, (glutenfrei und laktosefrei je nach Sauce)

8 dl	Wasser	in einen Kochtopf geben
evtl. 2	Knochen	abspülen, ggf. schwarze Metallspuren abschaben, zugeben
1	weiße Zwiebel	bestecken (das Lorbeerblatt mit der Nelke an die Zwiebel stecken) zugeben
1	Lorbeerblatt	
1-2	Gewürznelken	
einige	Petersilienstängel	zugeben, alles aufkochen 15 min bei kleiner Hitze auskochen
1 TL	Salz ohne Jod / Fluor	erst nach dem Auskochen zugeben
ca. 400-500 g	Kalbsragout, Kalbfleisch in ca. 3-4 cm großen Würfeln (CH: Kalbsvoressen)	in den Sud geben und 40-50 min zugedeckt bei kleiner Hitze kochen
ca. 2½ dl	Béchamel Sauce, S. 50, mit Sud anstatt Milch zubereitet	Fleisch aus dem Sud nehmen und Sauce darüber gießen
etwas	Petersilie	zum Garnieren

Variationen

Bereichern Sie das Gericht mit leckeren Röstaromen, indem Sie Fleisch und Zwiebel zuerst mit 1 EL UrDinkelmehl bestäuben und anbraten, bis braune Röstspuren entstehen, anstatt sie bloß zu sieden.

Ossobuco, geschmorte Kalbshaxen

Rezept für 4 Personen   Histaminose, (glutenfrei und laktosefrei je nach Sauce)

4	Haxen / Beinscheiben vom Kalb, Rind oder Lamm	außen 4-mal ca. 3mm tief einschneiden, damit sich das Fleisch beim Braten nicht biegt Evtl. mit Küchenschnur zusammenbinden
1 TL	Salz ohne Jod / Fluor	würzen
1 EL	UrDinkelmehl	Fleisch bestäuben
1 EL	Bratbutter / Olivenöl	Fleisch kräftig anbraten
1	weiße Zwiebel, gehackt	beifügen, andünsten
4	Paprika / Spitzpaprika	
4	Karotten	
etwas	Sellerie / Pastinaken / Petersilienstängel	zerkleinern mitdünsten
2 dl	histaminfreier Rotwein	ablöschen Zur Hälfte einköcheln lassen
2 dl	Wasser mit verträglicher Bouillon S. 62f	
(ganz wenig	Pfeffer)	
1 TL	Paprikapulver, mild	
1	Lorbeerblatt	
1 kleiner	Rosmarinzweig	
evtl. 2-3	Salbeiblätter	
(evtl. wenig	Knoblauchpulver)	würzen

Deckel aufsetzen und bei kleiner Hitze 60-90 min schmoren
Die Ossibuchi (=Haxen) sollten dabei nur zu ungefähr ¼ in der Flüssigkeit liegen.

Anmerkungen

Dazu passen: Polenta (S. 108) oder Safran- / Gemüserisotto (S. 107)

Kutteln

Rezept für 4 Personen Histaminose, glutenfreie und laktosefreie Variante möglich

1-2 EL	Rapsöl / Olivenöl / Butter	
50 g	verträglicher Kochschinken (ohne Hefeextrakt, Glutamat, Würze, Raucharoma, E407)	in einer Bratpfanne im heißen Öl anbraten
1	weiße Zwiebel, grob gehackt	
ca. 400-500 g	Kuteln	zugeben, mischen
½ TL	Salz ohne Jod / Fluor	Bei kleiner Hitze zugedeckt 30-40 min dämpfen, zwischendurch schütteln
½ TL	Kümmel	
1 EL	UrDinkelmehl / Reismehl / Stärke	darüber streuen, mischen
2 dl	Wasser	ablöschen
evtl. 2 EL	Rahm / Sahne ohne Zusatzstoffe	zum Verfeinern
etwas	Petersilie, gehackt	darüber streuen

Variationen

20 min vor Ende der Kochzeit zusätzlich in sehr kleine Würfel geschnittene **Kartoffeln** und evtl. in Streifen geschnittenen **Spitzkohl** oder **Weißkohl** zugeben und mischen.

Anmerkungen

Innereien gelten zwar als eher problematisch bezüglich Histamin oder Liberatorwirkung. Das gilt aber nicht für alle Organe im gleichen Maße. An Kuteln und Hühnerherzen beispielsweise darf man sich schon mal heranwagen, wenn man sie mag und auf die Frische achtet.

Fischfilet, gebraten

Rezept für 4 Personen Histaminose, glutenfreie und laktosefreie Variante möglich

(ca. 400-500 g	Fischfilets), tiefgekühlt oder absolut fangfrisch	Gefrorenes kommt ohne vorheriges Auftauen direkt in die Pfanne!
evtl. wenig	Verjus = Saft unreifer Trauben	beträufeln
etwas	Salz ohne Jod / Fluor	
(wenig	Dill, frisch oder getrocknet)	würzen
ca. 4 EL = 40 g	UrDinkelmehl / Reismehl / Stärke	darin wenden
etwas	hoch erhitzbares Rapsöl, Albaöl® oder Bratbutter	in einer Bratpfanne erhitzen Bei mittlerer Hitze beidseitig braten, je nach Dicke total 3-12 min

Nicht zu lange braten, sonst zerfällt das Filet in kleine Stücke.

Wichtig: Fisch ist hoch verderblich und daher nur bedingt empfehlenswert!

Fischfilet, gedämpft

Rezept für 4 Personen   Histaminose, glutenfrei, laktosearm

(ca. 400-500 g	Fische / Fischfilets), tiefgekühlt oder absolut fangfrisch	Gefrorenes kommt ohne vorheriges Auftauen direkt in die Pfanne!
evtl. wenig	Verjus = Saft unreifer Trauben	beträufeln
etwas	Salz ohne Jod / Fluor	würzen
1	weiße Zwiebel	schälen, hacken oder in Ringe schneiden
nach Belieben	Küchenkräuter, frisch / getrocknet: (Dill), Petersilie	Kochtopf lagenweise mit Zwiebel, Fisch und Kräutern befüllen
ca. 1 EL	verträgliche Gemüsebouillon S. 62f	
½ dl	Wasser	dazu geben
etwas	Butterflöckchen	Zugedeckt ca. 10 min dämpfen

Nicht zu lange dämpfen, sonst zerfällt das Filet in kleine Stücke.

Stärkebeilagen

Pellkartoffeln, Schalenkartoffeln, Gschwellti

Rezept für 4 Portionen   Histaminose, glutenfrei, laktosefrei

etwas	Wasser	in den (Schnell)kochtopf füllen bis zur Höhe des Siebeinsatzes
800 g - 1 kg	Kartoffeln, festkochende Sorte	waschen und ganz, mit Schale, auf den Siebeinsatz legen
wenig	Salz ohne Jod / Fluor	darüber streuen; das soll die Gefahr des Platzens verringern

Im Kochtopf bei kleiner Hitze zugedeckt etwa 30-50 min dämpfen oder im Schnellkochtopf nach Herstellerangabe, ca. 6-10 min

Schnellkochtopf langsam abkühlen lassen, weil sie sonst platzen würden

Testen, ob die Kartoffeln gar sind, indem man die größte mit einem Messer oder einer Gabel ansticht. Sie sollte ohne Widerstand zu durchstechen sein.

Material

Siebeinsatz für Kochtopf, evtl. Schnellkochtopf

Variationen

Überschüssige Pellkartoffeln lassen sich zu Kartoffelsalat (S. 85) oder zu einer Rösti (S. 101) weiterverarbeiten.

Petersilienkartoffeln: Pellen, evtl. vierteln, in wenig heißer Butter schwenken und mit gehackter Petersilie und etwas Salz bestreuen

Rösti

Rezept für 4 Portionen   Histaminose, glutenfrei, laktosearm

6 EL = 60 g	Bratbutter	
evtl. 1	weiße Zwiebel	klein schneiden
evtl. 2	Karotten	In einer großen flachen Bratpfanne im heißen Fett / Öl kurz anbraten
evtl. bis 100 g	Kochschinken (ohne Hefeextrakt, Glutamat, Würze, E407)	
800 g – 1 kg	Pellkartoffeln, kalt, S. 100	schälen, grob reiben, zugeben
1 TL	Salz ohne Jod / Fluor	Etwas Salz darüber streuen

Bei mittlerer Hitze unter mehrmaligem Wenden 10-20 min goldgelb braten

Mit der Bratschaufel zu einem festen Kuchen formen

Ohne zu wenden weitere 10 min braten, bis sich unten eine goldbraune Kruste bildet

Einen großen Teller wie einen Deckel darauflegen, festhalten und mit der Pfanne kopfüber drehen

Pfanne zurück auf den Herd stellen und den Röstikuchen als Ganzes vom Teller zurück in die Pfanne gleiten lassen, um auch die andere Seite noch knusprig goldbraun zu braten

Material

Küchenreibe (Röstiraffel oder grobe Gemüseraffel)

Variationen

Rohe oder nur halb gar gekochte Kartoffeln reiben und braten (dauert etwas länger)

Passend zu

Geschnetzeltes (S. 91)

Salzkartoffeln, Petersilienkartoffeln

Rezept für 4 Portionen   Histaminose, glutenfrei, laktosefrei

etwas	**Wasser**	in den (Schnell)Kochtopf füllen bis knapp zur Höhe des Siebeinsatzes
600-800 g	**Kartoffeln**	waschen, schälen, abspülen, in etwa gleich große Stücke schneiden und auf den Siebeinsatz legen. Je kleiner die Stücke, desto kürzer die Garzeit
1 TL	**Salz ohne Jod / Fluor**	darüber streuen

Im Schnellkochtopf zubereiten (gemäß Herstellerangabe) oder in einem normalen Kochtopf zugedeckt etwa 10-20 min dämpfen

Gegen Ende der Garzeit testen, ob die Kartoffeln gar sind, indem man sie mit einem Messer oder einer Gabel ansticht. Sie sollten ohne Widerstand zu durchstechen sein.

Wasser abgießen. Erneut mit Salz bestreuen

evtl. etwas	**Butter**	in Flocken über die noch warmen Kartoffeln verteilen
evtl. etwas	**Petersilie**	gehackt darüber streuen

Material

Siebeinsatz für Kochtopf, evtl. Schnellkochtopf

Variationen

Ohne Siebeinsatz die Kartoffeln in leicht gesalzenem Wasser schwimmend kochen. Nach dem Garprozess das Wasser abgießen und die Kartoffeln auf dem Herd trocknen lassen (abdampfen)

Instant-Kartoffelpüree

Rezept für ca. 4 Portionen Histaminose, glutenfrei, laktosefreie Variante möglich

Mengen gemäß Herstellerangabe	Wasser, Milch, Butter / Albaöl® / Rapsöl / Olivenöl, Salz ohne Jod / Fluor, (evtl. wenig Muskatnuss und Pfeffer)	Nach Herstellerangabe (in einem kleinen Kochtopf erhitzen)
2 Beutel (z.B. 160 g)	verträgliches Kartoffelpüreepulver (ohne Konservierungsstoffe, Hefeextrakte, Würze, Geschmacksverstärker)	(in die Flüssigkeit geben, umrühren, kurz stehen lassen)

Rosmarinkartoffeln, Ofenkartoffeln mit Rosmarin

Rezept für 4 Portionen Histaminose, glutenfrei, laktosefrei

600 g – 1.2 kg	Kartoffeln, klein bis mittelgroß	waschen, evtl. schälen, je nach Größe halbieren, vierteln oder achteln
nach Belieben	Würzmischung: Olivenöl, Salz ohne Jod / Fluor, Paprikapulver, mild, Kräuter der Provence-Mischung, Rosmarin frisch oder getrocknet, (evtl. wenig Knoblauchpulver), evtl. etwas Stärke / Reismehl	in einer Schüssel gut vermischen (Salz muss sich nicht auflösen) Backblech mit Backpapier belegen Kartoffelschnitze in Würzmischung wenden und auf das Backpapier legen

In der Ofenmitte bei 200 °C (Umluft 180 °C) 30-40 min backen

Heiß servieren

Material

Backofen, Backblech mit Backpapier oder Grill mit Grillschale / Alufolie

Variationen

Noch ein paar geviertelte Karotten, Zucchini, Paprika, Rote Bete (roh) mitbacken

Fettreduzierte Variante für Linienbewusste: Wasser statt Öl

Ofen-Frites, Pommes frites im Backofen

Rezept für 4 Portionen   Histaminose, glutenfrei, laktosefrei

600 g – 1 kg	Tiefkühl-Ofenfrites	nach Herstellerangaben zubereiten ODER: Backblech mit Backpapier belegen Tiefgekühlte Fritten gleichmäßig darauf verteilen In den auf 200 °C vorgeheizten Backofen geben Ca. 25 min auf der zweiten Rille goldgelb backen (Umluft-Ofen: ca. 20 min bei 180 °C) Nach der halben Zubereitungszeit wenden
etwas	Salz ohne Jod / Fluor	darüber streuen, heiß servieren

Material

Backofen, Backblech mit Backpapier

Anmerkungen

Bei den Ofenfrites auf unverträgliche Zutaten achten

Reisnudeln

Rezept für 4 Portionen   Histaminose, glutenfrei, laktosefrei, fructosearm

1.2 Liter	Wasser	zum Kochen bringen
2 EL	Salz ohne Jod / Fluor	ins Wasser geben
ca. 200-400 g	Reisnudeln	einige Minuten kochen, bis die Nudeln weich genug sind

In ein Sieb abgießen und kurz mit kaltem Leitungswasser abspülen

Material

Pasta-Sieb bzw. Salatsieb

Variationen

Gemäß Herstellerangaben zubereiten.

Reis im Reiskocher

Grundrezept für 1 Portion* Histaminose, glutenfrei, laktosefrei, fructosearm

1 dl = 85 g	Reis	
1½ dl	Wasser (oder nach Herstellerangabe)	Zutaten in den Reiskocher geben Reiskocher einschalten und warten, bis er automatisch nach ca. 15 min ausschaltet
wenig	Salz ohne Jod / Fluor	Evtl. zwischendurch 1 bis 2 Mal umrühren

*) 1 Portion als Beilage = ca. 50-80 g = ca. 1 dl = ca. ½ Tasse;
1 Portion als Hauptgericht = ca. 100-120 g

Material

Reiskocher (kocht Reis automatisch so lange, bis er alle Flüssigkeit aufgenommen hat)

Variationen

Auf den Reis kann noch etwas verträgliches Gemüse gelegt werden, das im Dampf mitgegart wird. Je nachdem, wie gut es durchgegart werden soll, schon zu Beginn oder erst einige Minuten vor Ende der Kochzeit. Z.B. Chicorée der Länge nach geviertelt, Karotten in Scheiben, Broccoli zerkleinert, Paprika, ...

Auf das Gemüse können noch einige Scheiben Mozzarella gelegt werden.

Tipp: Reis schön anrichten

Gekochten Reis in eine kleine Schale oder Tasse füllen, festdrücken und dann diesen „Reiskuchen" kopfüber auf den Teller stürzen. Mit gehackter Petersilie oder anderer Garnitur bestreuen.

Reis im Kochtopf

Grundrezept für 4 Portionen*   Histaminose, glutenfrei, laktosefrei, fructosearm

6-7 dl	Wasser	zum Kochen bringen
1 TL	Salz ohne Jod / Fluor	beifügen
250 g = 3 dl	Reis	beifügen Bei kleiner Hitze kochen bis zur gewünschten Weichheit Nur selten umrühren; so bleibt er körnig. Kochzeit gemäß Angaben auf der Verpackung. Sie variiert je nach Reissorte (meist ca. 12-22 min).

*) 1 Portion als Beilage = ca. 50-80 g = ca. 1 dl = ca. ½ Tasse;
1 Portion als Hauptgericht = ca. 100-120 g

Anmerkungen

Für nicht klebenden Langkornreis kann man als alternative Zubereitungsmethode auch eine größere Wassermenge verwenden und am Schluss die überschüssige Flüssigkeit abgießen. Für klebende Rundkorn- und Mittelkorn-Reissorten macht diese Variante jedoch weniger Sinn.

Basmatireis vorher waschen, nicht umrühren, erst am Schluss vorsichtig lockern

Reis schön anrichten: gekochten Reis in eine kleine Schale oder Tasse füllen, festdrücken und dann diesen „Reiskuchen" kopfüber auf den Teller stürzen. Mit gehackter Petersilie oder anderer Garnitur bestreuen.

Gemüserisotto im Kochtopf

Grundrezept für 4 Portionen* Histaminose, glutenfrei, laktosefrei

½	weiße Zwiebel	
½	Knoblauchzehe	fein hacken
1 EL	Rapsöl oder Olivenöl	Im Öl glasig dünsten
ca. 300 g	verträgliches Saisongemüse S. 204, klein geschnitten	beifügen
250 g = 3 dl	Mittelkornreis	Unter ständigem Rühren kurz mitdünsten
6-7 dl	Wasser	ablöschen
2 TL	Salz ohne Jod / Fluor	würzen
nach Belieben	Küchenkräuter, frisch oder getrocknet	Unter gelegentlichem Umrühren bei kleiner Hitze kochen bis zur gewünschten Weichheit. Bei Bedarf noch etwas zusätzliches Wasser nachgießen. Kochzeit gemäß Angaben auf der Verpackung. Sie variiert je nach Reissorte (meist ca. 12-22 min).

*) 1 Portion als Beilage = ca. 50-80 g = ca. 1 dl = ca. ½ Tasse;
1 Portion als Hauptgericht = ca. 100-120 g

Anmerkungen

Bei Gerichten mit verschiedenen Gemüsearten gibt man diese zeitlich gestaffelt zu, je nach erforderlicher Garzeit der einzelnen Gemüsearten.

Polenta aus grobem Maisgrieß (Bramata)

Rezept für 4 Portionen   Histaminose, kann Gluten enth., laktosefreie Variante

8 dl	Wasser oder Milch & Wasser 1:1	aufkochen
1 TL	Salz ohne Jod / Fluor oder verträgliche Bouillon S. 62f	würzen
200 g	Maisgrieß grobkörnig, Bramata	einrühren

Bei kleiner Hitze unter ständigem Umrühren ca. 30-60 min kochen (nach Herstellerangabe).

Wenn nötig während dem Kochen Flüssigkeit nachgießen. Die Polenta (=Maisbrei) sollte nicht zu trocken werden, sondern nach dem Kochen dickflüssig sein. Sie wird beim Abkühlen noch fester.

Nach Belieben **Butterflocken** oder **geriebenen Mozzarella** darüber geben

Anmerkungen

Eine richtige Bramata-Polenta zu kochen braucht zwar etwas Geduld, schmeckt aber dafür auch ganz anders als die unten beschriebenen zeitsparenden feinkörnigen Sorten.

Für Allergiker: Maisgrieß kann je nach Hersteller Gluten enthalten. Gegebenenfalls Deklaration beachten!

Variationen

4-5 EL Mascarpone beifügen, um den Maisbrei cremiger zu machen

Polenta aus mittelfeinem Maisgrieß

Wie oben beschrieben zubereiten, jedoch aus mittelfeinem Maisgrieß, der nur ca. 5-15 min (bzw. nach Herstellerangabe) unter gelegentlichem Umrühren gekocht werden muss

Polenta aus feinem Maisgrieß (2 Minuten)

Wie oben beschrieben zubereiten, jedoch aus feinem Maisgrieß („Zweiminutenpolenta"), der nur rund 2 min unter gelegentlichem Umrühren gekocht werden muss (Herstellerangabe)

Kornotto

Rezept für 4 Portionen*   Histaminose, laktosefrei

ca. 1 Liter	Wasser	zum Kochen bringen
250 g ≈ 3 dl	verträgliche Getreidekörner: z.B. UrDinkel, Emmer, Einkorn, Kamut	beifügen Bei kleiner Hitze bis zur gewünschten Weichheit kochen Gelegentlich umrühren Kochzeit gemäß Angaben auf der Verpackung, ca. 30-40 min
etwas	Salz ohne Jod / Fluor	würzen, abschmecken

*) 1 Portion als Beilage = ca. 50-80 g = ca. 1 dl = ca. ½ Tasse;
1 Portion als Hauptgericht = ca. 100-120 g

Variationen

Der Schnellkochtopf verkürzt die Kochzeit. Zubereitung gemäß Herstellerangabe

Dazu passen z.B. Fenchel oder Karotten, die gleich im Schnellkochtopf unzerkleinert oder halbiert mitgekocht werden können.

Kalt für Salate verwendbar

Dinkelreis, vorgequellt, schnellkochend

Im Handel ist auch vorgequellter schnellkochender Dinkel erhältlich. Dieser kann genau wie Reis zubereitet werden (S. 106). Kochzeit gemäß Angaben auf der Verpackung, ca. 20 min

Hirsotto

Grundrezept für 4 Portionen *Histaminose, laktosefrei*

1 Liter	Wasser	
etwas	Salz ohne Jod / Fluor	Wasser zum Kochen bringen Würzen
250 g	Hirsekörner	beifügen Unter Umrühren 5 min bei kleiner Hitze kochen, danach 10 min ziehen lassen

Variationen

Einen Teil des Wassers durch Milch / verträgliche Gemüsebouillon (S. 62f) / verträgliche Fleischbouillon (S. 65) ersetzen oder 1 EL Olivenöl, Rapsöl oder Butter beifügen

Zuerst nach Belieben gehackte weiße Zwiebel, Knoblauch oder verträgliche Gemüsesorten kurz im heißen Öl andünsten. Anschließend wie oben beschrieben vorgehen

Anstatt Hirsekörner können auch Hirseflocken verwendet werden, die jedoch nicht gekocht, sondern nur heiß eingeweicht werden müssen

Teigwaren

Rezept für 4 Portionen *Histaminose, glutenfrei, laktosefrei, fructosearm*

2 Liter	Wasser	zum Kochen bringen
2 EL	Salz ohne Jod / Fluor	beifügen
ca. 400 g	Teigwaren aus UrDinkel / Dinkel / Reis / Mais, ohne Eier	einige Minuten bei kleiner Hitze im Salzwasser kochen, bis die Teigwaren bissfest sind

Wasser abgießen und gut abtropfen lassen

Material

Evtl. Pasta-Sieb bzw. Salatsieb

Variationen

Gemäß Herstellerangaben zubereiten

Gemüsebeilagen

Glasierte Karotten

Rezept für 4 Portionen — Histaminose, glutenfrei, laktosefreie Variante

ca. 800 g	Karotten, klein bis mittelgroß	waschen, schälen, der Länge nach vierteln. In 3 cm lange Stäbchen schneiden
ca. 20 g	Kochbutter / Albaöl®	in Kochtopf oder Bratpfanne erwärmen
1 EL	Zucker	zur flüssigen Butter geben
etwas	Salz ohne Jod / Fluor	Mit den Karotten bei mittlerer Hitze andünsten bis der Zucker zu karamellisieren beginnt
evtl. 1 Schuss	histaminfreier Weißwein / Sekt / Frizzante	
1-2 dl	Wasser	zum Ablöschen beifügen
evtl. einzelne	Kümmelsamen	beifügen

ca. 3-7 min zugedeckt knapp weichkochen
Deckel entfernen und die Flüssigkeit zu einem Sirup einkochen

nach Belieben	gehackte Petersilie oder andere Kräuter	beim Anrichten auf dem Teller darüber streuen

Fenchel, gedämpft

Rezept für 4 Portionen — Histaminose, glutenfrei, laktosearm

etwas	Wasser	in einen Kochtopf (1-2 cm hoch)
ca. 800 g	Fenchel	waschen, vierteln, mit den Schnittflächen nach oben in den Kochtopf legen
2 Prisen	Salz ohne Jod / Fluor oder verträgliche Bouillon S. 62f	darüber streuen

Zugedeckt bei mittlerer und später bei kleiner Hitze ca. 20-30 min im Dampf bis zur gewünschten Weichheit garen (Gabelprobe).

Variationen

Butterflocken auf die Fenchelstücke legen

Im Schnellkochtopf auf den Siebeinsatz legen (kürzere Kochzeit)

Blumenkohl, gedämpft

Rezept für 4 Portionen Histaminose, glutenfrei, laktosefrei

etwas	Wasser	Kochtopf 1-2 cm hoch füllen
ca. 800 g	Blumenkohl	waschen, in Röschen zerteilen In den Kochtopf legen
2 Prisen	Salz ohne Jod / Fluor	darüber streuen

Zugedeckt bei mittlerer und später bei kleiner Hitze im Dampf einige Minuten bis zur gewünschten Weichheit kochen (Gabelprobe)

Variationen

Im Schnellkochtopf auf den Siebeinsatz legen (kürzere Kochzeit)

Dazu passen Béchamelsauce (S. 50), Kartoffeln oder Reis, Fleisch.

Spargel

Rezept für 4 Personen Histaminose, glutenfrei, laktosearm

2 Liter	Wasser	zum Kochen bringen
1 EL	Salz ohne Jod / Fluor	ins Wasser geben
wenig	Butter	
wenig	Zucker	zugeben
ca. 1 kg	Spargel	waschen, weißen Spargel gründlich, bei grünem Spargel nur den unteren verholzten Teil schälen

Zugedeckt bei kleiner Hitze bis zur gewünschten Weichheit kochen

Grüner Spargel: 15-20 min, weißer Spargel: 30-40 min

Material

Siebeinsatz, evtl. Schnellkochtopf

Variationen

Im Schnellkochtopf auf den Siebeinsatz legen und Wasser nur bis zum Siebeinsatz einfüllen (wird weniger ausgelaugt, kürzere Kochzeit: 5-10 min, Herstellerangabe)

Dazu passend

Salzkartoffeln (S. 102), Sauce Hollandaise (S. 53), verträglicher Kochschinken (ohne Hefeextrakt, Glutamat, Würze, Raucharoma, E407)

Rote Bete, Randen

Rezept für 4 Portionen Histaminose, glutenfrei, laktosefrei

ca. 800 g Rote Bete, gedämpft	schälen, zerkleinern Nach Belieben würzen Erwärmen

Rote Bete findet man im Laden fertig gekocht und vakuumiert, geschält oder ungeschält.

Variationen

In Scheiben schneiden und bei mittlerer Hitze in wenig Öl oder Butter braten

Panieren (S. 93)

Mit Saucen verfeinern (S. 49ff)

Weißkohl, Weißkabis

Rezept für 4 Portionen Histaminose, glutenfrei, laktosearm

1 EL Rapsöl oder Butter	in einem Kochtopf erhitzen
ca. 800 g Weißkohl	waschen, in feine Streifen schneiden oder hobeln, beifügen
1 Prise Salz ohne Jod / Fluor oder verträgliche Bouillon S. 62f	darüber streuen Zugedeckt bei mittlerer und später bei kleiner Hitze ca. 20-30 min im Dampf
evtl. wenig Kümmel	bis zur gewünschten Weichheit garen (Gabelprobe)

Variationen

50 g verträglichen Kochschinken (ohne Hefeextrakt, Glutamat, Würze, Raucharoma, E407) in kleine Stückchen geschnitten mitkochen.

Im Schnellkochtopf auf den Siebeinsatz legen (kürzere Kochzeit)

Glühwein-Rotkraut, Rotkohlgemüse

Rezept für 4 Portionen Histaminose, glutenfrei, laktosefreie Variante möglich

ca. 500 g	Rotkohl = Blaukabis	sehr fein schneiden oder hobeln
1	Apfel	in kleine Stücke schneiden
evtl. 1 TL	Zucker	
2 EL	Alkoholessig 4,5 %	
1 dl	histaminfreier Rotwein	
ca. 2 EL = 20 g	Butter	
wenige	Wacholderbeeren	
je 1	Gewürznelke, Lorbeerblatt	beifügen
(wenig)	Zimtpulver	Im Schnellkochtopf 6 min oder im Kochtopf 20-30 min kochen
2 TL	Salz ohne Jod / Fluor	
evtl. 1 dl	Rahm / Sahne ohne Zusatzstoffe	nach dem Kochen zugeben zum Verfeinern

Evtl. 1 EL **Johannisbeergelee / Preiselbeerkonfitüre** darunter mischen / dazu servieren

Material

Schnellkochtopf von Vorteil

Variationen

Dazu passen z.B. Kartoffeln, karamellisierte Maroni (S. 199) und Braten (S. 148ff).

Peperonata

Rezept für 4 Portionen Histaminose, glutenfrei, laktosefrei

½ dl	Olivenöl	in einer Bratpfanne erhitzen
evtl. ½	weiße Zwiebel, grob gehackt	
(evtl. 1	Knoblauchzehe, sehr fein gehackt)	andünsten
4 Stück	Paprika, z.B. 2 rote, 1 gelbe, 1 grüne	waschen, entkernen In ca. 2-4 cm große Stücke schneiden Dazu geben und braten
(ganz wenig	Chili oder Pfeffer)	
nach Belieben	Küchenkräuter, frisch oder getrocknet: z.B. Rosmarin, Kräuter der Provence	
2 Prisen	Salz ohne Jod / Fluor	darüber streuen

Schmeckt sowohl warm wie auch kalt

Variationen

Zum Schluss mit einem kleinen Schuss histaminfreiem Weißwein, weißem Traubensaft oder Apfelsaft ablöschen und diesen etwas einkochen lassen

Ratatouille

Rezept für 4 Portionen Histaminose, glutenfrei, laktosefrei

4-6 EL	Olivenöl	in einer Bratpfanne erhitzen
½	weiße Zwiebel, grob gehackt	
(evtl. 1	Knoblauchzehe, sehr fein gehackt)	andünsten
4 Stück	Paprika: z.B. 2 rote, 1 gelbe, 1 grüne	waschen, entkernen In ca. 2 cm große Stücke schneiden Dazu geben und wenige Minuten anbraten
1 Schuss	histaminfreier Rotwein	zum Ablöschen zugeben Ohne Deckel 15 min auf mittlerer bis kleiner Stufe köcheln lassen
nach Belieben	Küchenkräuter, frisch oder getrocknet: z.B. Basilikum, Rosmarin, Thymian, Bohnenkraut, Oregano	
(evtl. wenig	Pfeffer, fein gemahlen)	
2 Prisen	Salz ohne Jod / Fluor	dazu geben
ca. 1 mittlere	Zucchini, im Winter saisonal durch Kürbis ersetzen	in grobe Würfel schneiden Mit den Paprika vermischen

Weitere 10 min zugedeckt bei kleiner Hitze garen

Variationen

Ein kleines Döschen Maiskörner daruntermischen

Mit Kornotto (S. 109) oder Hirsotto (S. 110) vermischen und kalt, mit Alkoholessig und klein geschnittenen Pfefferminzblättchen abgeschmeckt, als Salat servieren

Zucchini, gedämpft

Rezept für 4 Portionen   Histaminose, glutenfrei, laktosefrei

etwas	Wasser	in einen Kochtopf füllen bis zur Höhe des Siebeinsatzes
ca. 800 g	Zucchini	waschen In Scheiben hobeln oder würfeln
etwas	Bohnenkraut oder Kräuter der Provence, frisch oder getrocknet	darüber streuen Zugedeckt bei großer Hitze zum Kochen bringen
2 Prisen	Salz ohne Jod / Fluor	5-10 min bei reduzierter Hitze bis zur gewünschten Weichheit dämpfen
(evtl. wenig	Koriander)	

Kochwasser als Suppe, als Getränk oder für eine Sauce weiterverwenden

Material

Kochtopf, wenn möglich mit Siebeinsatz, oder Mikrowelle

Zucchini, gebraten, in Essig eingelegt

Rezept für 4 Portionen   Histaminose, glutenfrei, laktosefrei

4 EL	Olivenöl	Gemüse waschen
ca. 1 mittlere	Zucchini, im Winter saisonal durch Kürbis ersetzen	Zerkleinern In einer Bratpfanne im heißen Öl braten
evtl. 1	Paprika, Spitzpaprika	
evtl. etwas	Blumenkohl	Gelegentlich wenden
(evtl. wenig	Knoblauchpulver)	kurz mitbraten
2 Schuss	histaminfreier Weißwein / Sekt	ablöschen
Ohne Deckel bei mittlerer Hitze etwas einkochen lassen		
nach Belieben	Küchenkräuter, frisch oder getrocknet: z.B. Basilikum, Rosmarin, Thymian, Bohnenkraut, Oregano	dazu geben Gut vermischen Abkühlen lassen
2 Prisen	Salz ohne Jod / Fluor	Einige h im Kühlschrank marinieren
ca. 6 EL	Alkoholessig 4,5 %	

Kalt servieren als Vorspeise, als Beilage oder in Salate gemischt

Broccoli, gedämpft

Rezept für 4 Portionen   Histaminose, glutenfrei, laktosefrei

etwas	Wasser	in einen (Schnell)Kochtopf füllen bis zur Höhe des Siebeinsatzes
		Zum Kochen bringen
ca. 800 g	Broccoli	waschen, in Röschen zerteilen
		auf den Siebeinsatz legen
2 Prisen	Salz ohne Jod / Fluor	darüber streuen

Zugedeckt bei kleiner Hitze im Dampf 15-20 Minuten bis zur gewünschten Weichheit kochen (Gabelprobe)

Kochwasser anderweitig verwenden, z.B. als Suppe, als Getränk, für Saucen, ...

Variationen

(1 EL Mandelblättchen, in der Bratpfanne hellbraun geröstet, darüber streuen)

Broccoli, gebraten

Rezept für 4 Portionen   Histaminose, glutenfrei, laktosefrei

ca. 2 Liter	Wasser	
ca. 1 TL	Salz ohne Jod / Fluor	Salzwasser zum Kochen bringen
ca. 800 g	Broccoli	waschen, in kleine Röschen zerteilen
		3 min im kochenden Salzwasser blanchieren
		Sofort in kaltem Salzwasser abschrecken
etwas	Bohnenkraut / Kräuter der Provence	
2 Prisen	Salz ohne Jod / Fluor	
2 Prisen	Zucker	
(evtl. wenig	Koriander)	darüber streuen
2 EL	erhitzbares Rapsöl	in eine heiße Bratpfanne geben

Broccoli unter gelegentlichem Wenden rundum braten bis er leicht gebräunt wird

Variationen

Wer es lieber knackiger mag: ohne Blanchieren direkt in die Bratpfanne geben

Artischocken

Rezept für 4 Personen Histaminose, glutenfrei, (Laktose: je nach Sauce)

1 Topf voll	Wasser	Wasser zum Kochen bringen, salzen
etwas	Salz ohne Jod / Fluor	Artischocken gut waschen
4	Artischocken	Evtl. Blattspitzen mit der Schere abschneiden
		Stiele abschneiden und mitkochen

Die ganzen Artischocken ca. 30-40 min im gesalzenen Wasser kochen (oder im Schnellkochtopf: Wasser nur bis knapp zum Siebeinsatz einfüllen, Artischocken darauflegen und 14 min oder nach Herstellerangabe kochen).

Währenddessen:

nach Belieben	Sauce Béarnaise oder Hollandaise S. 53f	zubereiten

Artischocken heiß servieren

Die Blätter von unten her einzeln abzupfen

Deren dickes Ende in eine Sauce tunken

Dann das Blatt zwischen den Zähnen hindurch ziehen, um das zarte Gewebe vom zähen Blattteil, den man wegwirft, abzustreifen

Evtl. das „Heu" am Blütenboden entfernen. Je nach Entwicklungsstand der Blüte ist dieses nicht besonders zum Verzehr geeignet. Der Blütenboden selbst ist hingegen eine Delikatesse. Auch das Mark der Stiele kann schmackhaft sein.

Material

Evtl. Schnellkochtopf

Anmerkungen

Artischocken wenn nötig mit dem Topfdeckel beschweren, um das Auftauchen zu verhindern

Rohkost-Gemüseteller

Rezept	Histaminose, glutenfrei, (laktosefreie Variante möglich)	
nach Belieben	verträgliches rohkostgeeignetes Gemüse: z.B. Blattsalate, Chinakohl, Chicorée, Fenchel, Stangensellerie, Karotten, Paprika, Radieschen, milder Bierrettich, (wenig weiße Zwiebel), Zucchini, Salatgurke, Rotkohl, Weißkohl, Spitzkohl, grüner Spargel, gedämpfte Randen (=Rote Bete)	je nach Sorte und nach Belieben in mundgerechte Stücke schneiden, hobeln oder reiben

Entweder pur genießen oder nach Belieben mit weiteren Zutaten ergänzen und mit Saucen verfeinern:

Dipsaucen (S. 58f), Ajvar (S. 56), Salatsaucen (S. 76f), Béchamelsauce (S. 50), Quark, oder einfach mit etwas Raps- oder Leinöl beträufeln und mit Salz ohne Jod / Fluor bestreuen

Mit frischen, tiefgekühlten oder getrockneten Kräutern verfeinern: z.B. Basilikum, Petersilie, Thymian, Oregano, Bohnenkraut

Dazu z.B. Pellkartoffeln, Frischkäse und verträglichen Kochschinken (ohne Hefeextrakt, Glutamat, Würze, E407) servieren

Chicorée oder Pak Choi, gedämpft

Rezept für 4 Portionen   Histaminose, glutenfrei, laktosefrei

etwas	Wasser	in Kochtopf füllen bis zum Siebeinsatz zum Kochen bringen
ca. 1 kg	Chicorée oder Pak Choi	waschen Der Länge nach halbieren oder vierteln Auf Siebeinsatz (oder ins Wasser) legen
2 Prisen	Salz ohne Jod / Fluor	darüber streuen

Zugedeckt bei kleiner Hitze im Dampf ca. 8 bis 20 min bis zur gewünschten Weichheit kochen

Material

Siebeinsatz von Vorteil

Variationen

Den fertig gedämpften Chicorée mit der Schnittfläche nach oben auf dem Teller anrichten, 40-60 g Butter schmelzen und heiß über das Gemüse gießen.

Ebenso können auch **Radicchio** und **Cicorino Rosso** zubereitet werden.

Chicorée oder Pak Choi, gebraten

Rezept für 4 Portionen   Histaminose, glutenfrei, laktosefrei

etwas	Olivenöl	in der Bratpfanne erhitzen
ca. 1 kg	Chicorée	waschen, der Länge nach halbieren / vierteln Mit der Schnittfläche nach oben portionenweise in die Bratpfanne legen
2 Prisen	Salz ohne Jod / Fluor	darüber streuen

Zuerst bei mittlerer bis großer Hitze 5 min leicht anbräunen, danach zugedeckt bei kleiner Hitze im Dampf 10-20 min bis zur gewünschten Weichheit kochen

Variationen

Zusammen mit Fleisch in der gleichen Pfanne braten oder etwas Ziegenfrischkäse darüber geben sorgt für ein kräftiges Aroma.

Ebenso können auch **Radicchio** und **Cicorino Rosso** zubereitet werden.

/ja
Würziger Backofen-Kürbis

Rezept für 4 Personen Histaminose, glutenfrei, laktosefrei

ca. 1 kg	Kürbis, z.B. Hokkaido	vorbereiten: Fasern und Kerne entfernen, schälen In große Stücke schneiden Auf ein mit Backpapier belegtes Backblech legen

Backofen auf 220°C vorheizen

6 EL	Olivenöl	
1 TL	Kümmel, gemahlen oder im Mörser zerrieben	
(etwas	Knoblauchpulver)	
etwas	Salz ohne Jod / Fluor	miteinander vermischen
(evtl. wenig	Pfeffer)	Die Hälfte der Würzmischung für später beiseitestellen; mit dem Rest die Kürbisstücke bestreichen
(wenig	Ingwerpulver)	
evtl. etwas	Curcumapulver	
1 Handvoll	Chia-Samen = Salvia hispanica	darüber streuen

Bei 200°C mit Umluft oder 220°C ohne Umluft 20-25 min auf der zweituntersten Rille backen. Nach der halben Backzeit herausnehmen, wenden, erneut mit der Würzmischung bestreichen und wieder in den Ofen schieben

Variationen

Dazu passen z.B. Minzen-Dip (S. 59) und knusprig gebratene Lammkoteletts.

Anmerkungen

Die Chia-Samen (Mexikanische Chia, *Salvia hispanica*) sind besonders reich an Omega-3-Fettsäuren, hochwertigem Protein, Vitaminen, Antioxidantien, Mineralstoffen und Ballaststoffen. Sie sind im Reformhaus erhältlich.

Siedfleischsuppe

Rezept für 4 Portionen Histaminose, glutenfrei, laktosefrei

1 kleine	weiße Zwiebel	Zwiebel schälen, halbieren, mit Lorbeerblatt und Gewürznelken bestecken Im (Schnell)Kochtopf zusammen mit dem Fleisch und den Knochen kurz in Öl anbraten
1	Lorbeerblatt	
1-2	Gewürznelken	
2 EL	Rapsöl / Olivenöl	
1 Stück ≈500 g	Siedfleisch, mager oder durchzogen	
evtl. 1-4	Markbeine, Knochenstücke mit Mark	
ca. 5 dl	Wasser	zugeben (Fleisch etwa zur Hälfte im Wasser)
etwas	Salz ohne Jod / Fluor	zugeben

Im Schnellkochtopf 40 min kochen, im normalen Kochtopf 1½ h. Währenddessen:

nach Belieben	verträgliche Gemüse: z.B. Karotten, Zucchini, Pastinaken, Paprika, Spitzkohl oder Weißkohl, (wenig Knoblauch)	vorbereiten, zerkleinern Die Gemüsearten mit langer Garzeit kleiner schneiden als jene mit kurzer Garzeit
ca. 400-800 g	Kartoffeln	

Schnellkochtopf abkühlen lassen, bis der Deckel geöffnet werden kann

1 EL	verträgliche Gemüsebouillon S. 62f	Kartoffeln & Gemüse beifügen, würzen
(evtl. wenig	Pfeffer)	

Im Schnellkochtopf weitere 6 min kochen, oder im normalen Kochtopf 20-30 min

etwas	Petersilie, gehackt, frisch / tiefgekühlt	vor dem Servieren darüber streuen

Das Ergebnis ist eine nahrhafte Suppe, die als vollwertige Mahlzeit dienen kann.

Material

Schnellkochtopf von Vorteil. Ohne Schnellkochtopf ist die Kochzeit wesentlich länger (ca. 2 h).

Variationen

Manche kochen das Gemüse gleich lang oder sogar länger als das Fleisch und salzen es erst nach dem Kochen, um einen intensiveren Gemüsebouillongeschmack zu erhalten. Die kürzere Kochzeit ist aber vitaminschonender. Das Siedfleisch muss hingegen so lange gekocht werden, damit es nicht zäh ist.

Fischsuppe

Rezept für 4 Portionen   Histaminose, glutenfrei, laktosefrei

ca. 5 dl	Wasser	Kartoffeln und Gemüse klein schneiden
ca. 500 g	Kartoffeln	
ca. 300 g	verträgliche saisonale Gemüse: z.B. Kartoffeln, Zucchini, Broccoli, Karotten, Spitzkohl oder Weißkohl, Pastinaken, weiße Zwiebel, Paprika, (wenig Knoblauch)	Wasser zum Kochen bringen Kartoffeln und Gemüse zugeben
etwas	Salz ohne Jod / Fluor	zugeben
1 EL	verträgliche Gemüsebouillon S. 62f	Ca. 10-20 min bei mittlerer Hitze fast gar kochen
1 EL	Rapsöl	
nach Belieben	Kräuter: z.B. Petersilie, (Dillspitzen)	
ca. 4-6 Stück	Fischfilets, tiefgekühlt	gefroren zugeben (Fisch nie langsam auftauen lassen!)

Weiter kochen, bis der Fisch aufgetaut ist

Auf kleiner Stufe wenige Minuten weiter ziehen lassen

Das Ergebnis ist eine nahrhafte Suppe, die als vollwertige Mahlzeit dienen kann.

Anmerkungen

Der Fisch muss fangfrisch eingefroren worden sein. Auch in tiefgekühltem Fisch bildet sich mit der Zeit Histamin, deshalb nicht zu lange lagern. Wer Meeresfisch nicht verträgt, versuche es mit Süßwasserfisch.

Fisch nicht zu lange kochen, sonst fällt er auseinander.

Gulasch

Rezept für 4 Portionen Histaminose, glutenfreie & laktosefreie Variante möglich

2 EL	Olivenöl oder hoch erhitzbares Rapsöl	
ca. 400-500 g	Rindsragout (Rindfleisch in ca. 3-4 cm großen Würfeln)	portionenweise im heißen Öl hellbraun anbraten
2	weiße Zwiebeln	schälen, grob hacken
(evtl. wenig	Knoblauchpulver)	Zum Fleisch geben und andünsten
ca. 2 EL	Paprikapulver, mild	
1 EL	UrDinkelmehl / Reismehl / Stärke	
evtl. einige	Kümmelsamen	kurz mitdünsten
evtl. ½ dl	histaminfreier Rotwein	
3 dl	Wasser	zum Ablöschen
3 EL	verträgliche Gemüsebouillon S. 62f	
etwas	Salz ohne Jod / Fluor	
evtl. wenig	Pfeffer	würzen / abschmecken
Zugedeckt bei kleiner bis mittlerer Hitze ca. 90 min garen. Nach 70 min:		
ca. 400-500 g	Kartoffeln, festkochende Sorte	in kleine Würfel schneiden
1-2	rote Paprika	ca. 20 min vor Ende der Kochzeit zugeben
1 Handvoll	Petersilie, frisch / tiefgekühlt	hacken Vor dem Servieren darüber streuen

Material

Schnellkochtopf von Vorteil (Kochzeit insgesamt nur 20 min oder gemäß Herstellerangabe).

Variationen

Nach dem Kochen mit Sahne ohne Zusatzstoffe verfeinern (oder mit saurer Sahne, sofern ausreichend verträglich). Zum Verdicken kann man vorher noch etwas Stärke mit der kalten Sahne verrühren.

Reisnudeln mit Chicorée

Rezept für 4 Portionen   Histaminose, glutenfrei, vegetarisch

2 Liter	Wasser	Chicorée der Länge nach halbieren oder vierteln
1 EL	Salz ohne Jod / Fluor	Mit den Reisnudeln ins schwach kochende Salzwasser geben
2-4 Stück	Chicorée	Reisnudeln ca. 5-10 min kochen nach Herstellerangaben bzw. bis die gewünschte Festigkeit erreicht ist
400-500 g	Reisnudeln	

Alles in ein Sieb abgießen und ganz kurz mit kaltem Wasser abspülen, um den Reisnudeln den Reisgeschmack zu nehmen und um das Zusammenkleben zu verhindern

ca. 200 g	Frischkäse ohne Zusatzstoffe	Nudeln und Chicorée im Teller nebeneinander anrichten und den streichfähigen Frischkäse darüber geben

Nach Belieben z.B. mit (Schnittlauch), (Knoblauchpulver), mildem Paprikapulver würzen

Spargelrisotto

Rezept für 4 Portionen Histaminose, glutenfrei, laktosefreie Variante möglich

2 EL	Rapsöl oder Butter	erhitzen
½-1	weiße Zwiebel, gehackt	zugeben und unter ständigem Mischen kurz andünsten
250 g = 3 dl	Risottoreis, Rundkornreis	
1 dl	histaminfreier Weißwein / Frizzante / Sekt, Traubensaft oder Wasser	zum Ablöschen zugeben
6-7 dl	Wasser	zugeben
ca. 10 Stück	grüner Spargel	vorbereiten

Die untere Hälfte des Spargels falls nötig mit dem Sparschäler oder Messer von der zähen äußeren Haut befreien

Spargel nach Belieben in 2 cm lange oder kürzere Stücke schneiden (im zäheren unteren Teil eher kürzere Stücke schneiden als im zarten oberen Teil, damit sie gleich schnell durchgegart sind)

Die Spargelspitzen beiseitelegen, den restlichen Spargel in den Kochtopf geben

1 TL	Salz ohne Jod / Fluor	zugeben

Auf mittlerer bis niedriger Kochstufe unter gelegentlichem Umrühren ca. 20 min weiter kochen, bis das Risotto sämig und der Reis bissfest ist (zwischendurch probieren oder nach Kochzeitangabe des Herstellers)

In den letzten 10 min die Spargelspitzen zugeben. Nur noch behutsam umrühren

nach Belieben	Rahm / Sahne ohne Zusatzstoffe oder Mascarpone	zum Verfeinern

Kürbis-Hirsotto

Rezept für 4 Portionen Histaminose, laktosefreie Variante möglich

5½ dl	Wasser	in einem kleinen Kochtopf zum Kochen bringen
250 g	Hirsekörner	5 min im Wasser kochen, dann noch 10 min quellen lassen
500 g	Kürbis	entkernen, schälen (ist bei Hokkaidokürbis nicht nötig) In kleine Würfel schneiden
2 EL	Rapsöl oder Butter	in einem großen Kochtopf bei mittlerer bis hoher Hitze andünsten Kürbis dazu geben und mitbraten
½	weiße Zwiebel, fein gehackt	
(evtl. etwas	Knoblauch(pulver))	
1 dl	Milch / Wasser	dazu gießen und bei kleiner Hitze kochen, bis der Kürbis weich ist

Hirse zugeben. Nach und nach bei kleiner Hitze Wasser einrühren, bis das Hirsotto sämig ist

2 EL	verträgliche Bratensauce S. 65 oder etwas Salz ohne Jod / Fluor	
(evtl. wenig	Pfeffer, fein gemahlen)	abschmecken
evtl.	geriebener Mozzarella	darüber streuen
etwas	Petersilie, frisch	zum Garnieren

Schwarzwurzeln oder Zucchini mit Hirsekruste

Rezept für 4 Personen   Histaminose

etwas	Wasser	Eine Schale halb mit Wasser füllen und 1-2 EL Alkoholessig dazu geben
2 EL	Alkoholessig 4,5 %	
ca. 1½ kg	Schwarzwurzeln, frisch, roh	

Schwarzwurzeln unter fließendem kaltem Wasser schälen (Gummihandschuhe verhindern, dass die austretende Wurzelmilch die Finger verklebt.)
Wurzeln sofort nach dem Schälen ins Essigwasser legen

reichlich	Wasser	Salzwasser aufkochen
1 EL	Salz ohne Jod / Fluor	Wurzeln 10-12 min darin bissfest kochen, Kochwasser wegschütten, abtropfen lassen
3 dl	Wasser	Hirse in Bouillon 5-10 min kochen
2 EL	verträgliche Bouillon S. 62f	
100 g	Hirsekörner	In einem Sieb abtropfen lassen

Backofen vorheizen auf 200 °C (Umluft 180 °C)

½ Bund	Petersilie	waschen, Wasser abschütteln, fein hacken
ca. 50 g	geriebener Mozzarella	mit der Hirse und der Petersilie vermischen
4 EL	Rahm / Sahne ohne Zusatzstoffe	
einige Zweige	Thymian, nur die Blättchen	
(evtl. 1 EL	gemahlene Mandeln)	
etwas	Salz ohne Jod / Fluor	
(evtl. wenig	Pfeffer)	
2 EL = 20 g	Butter	ofenfeste Form einfetten

Abgetropfte Schwarzwurzeln hineinlegen, Hirsemischung darauf verteilen
Einige Butterflöckchen darüber geben

In der Ofenmitte 20-25 min backen bei 200 °C (Umluft 180 °C)

Material

Backofen, feuerfeste Form, evtl. Gummi- oder Latexhandschuhe

Variationen

Im Sommer **Zucchini** anstatt Schwarzwurzeln verwenden (ohne vorkochen).
Käse: Etwas aromatischer ist ein junger(!) Gouda in kleinen Würfeln.

Paella

Rezept für 4 Portionen   Histaminose, glutenfrei, laktosefrei

ca. 600 g	Geflügelteile und evtl. Hühnerherzen	
2 TL	Salz ohne Jod / Fluor	
etwas	Thymian	
etwas	Paprikapulver, mild	
(evtl. wenig	Pfeffer)	würzen
2 EL	Rapsöl / Olivenöl	erhitzen
Fleisch bei mittlerer Hitze rundum anbraten, herausnehmen und beiseite stellen		
1	weiße Zwiebel	vorbereiten, zerkleinern
(1-2	Knoblauchzehen)	In die Pfanne geben
2	rote Spitzpaprika	Bei kleiner bis mittlerer Hitze anbraten
evtl. 1 Schuss	histaminfreier Weißwein	
2 dl	Wasser	ablöschen
Geflügelteile zugeben. Bei kleiner Hitze zugedeckt 30-40 min schmoren lassen		
200 g	Rundkornreis, z.B. Vialone, Arborio	20 min vor Ende der Kochzeit beifügen
3-4 dl	Wasser	
½ TL	Safranfäden	Gelegentlich umrühren
ca. 100 g	(Erbsen / Kefen) oder zerkleinerte Zucchini	5 min vor Ende der Kochzeit beifügen

Material

große hohe Bratpfanne oder Wok

Anmerkungen

Siehe Tipps zur optimalen Zubereitung von Safran auf S. 51

Variationen

Hülsenfrüchte (Erbsen, Kefen) sind oft nur in kleinen Mengen verträglich. Je nach individueller Verträglichkeit durch Zucchini-Würfelchen oder Broccoli ersetzen

Zusätzlich etwas **tiefgekühlten Fisch** oder verträglichen **Kochschinken** (ohne Hefeextrakt, Glutamat, Würze, E407, Raucharoma) kurz vor Ende der Kochzeit zerkleinert zugeben

(Keine Meeresfrüchte / Schalentiere / Krebstiere verwenden!)

Zuckerhut-Gemüse mit Schinken und Kartoffeln

Rezept für 4 Portionen* Histaminose, glutenfrei, laktosearm

1 dl	Olivenöl	in großem Kochtopf erhitzen
2	weiße Zwiebeln, gehackt	
(evtl. wenig	Knoblauchpulver)	
ca. 200 g	verträglicher Kochschinken (ohne Hefeextrakt, Glutamat, Würze, Raucharoma, E407)	unter ständigem Wenden kurz im heißen Öl andünsten
ca. 600 g	Kartoffeln, in sehr kleinen Würfeln (ca. 1 cm)	kurz danach zugeben und im heißen Öl bei kleiner Hitze 10 min dünsten Gelegentlich umrühren
2 bis 4 dl	histaminfreier Weißwein / Sekt / Frizzante	zum Ablöschen dazu gießen Alkohol verdampfen lassen
2-4 TL	Kümmelsamen	
½ TL	Salz ohne Jod / Fluor	dazu geben
ca. 1 kg	Zuckerhut oder Endivien oder Chicorée, je nach Saison	in Streifen schneiden In lauwarmem, gesalzenem und leicht gezuckertem Wasser waschen Abtropfen lassen, trocken schütteln In den Kochtopf geben und 10 min zugedeckt mitkochen

Verwendung: heiß als Gemüsebeilage oder als Hauptmahlzeit, lauwarm oder kalt als Salat

Variationen

1 kleine Dose Maiskörner untermischen

Anmerkungen

*) Der geschnittene Salat beansprucht sehr viel Platz im Kochtopf, bis er zusammenfällt. Daher müssen größere Mengen portionenweise zubereitet werden.

Zuckerhut ist ein leicht bitterer Wintersalat. Die Bitterstoffe gelten als gesund. Wer den bitteren Geschmack nicht mag, kann den geschnittenen Salat 10 min im gesalzenen und leicht gezuckerten Waschwasser liegen lassen, um Bitterstoffe zu entziehen. Dabei geht aber auch ein Teil der Vitamine und Mineralstoffe verloren.

Geschnetzeltes mit Tiefkühlgemüse & Pommes

Rezept für 4 Personen Histaminose, glutenfreie und laktosefreie Variante möglich

4 Portionen	Tiefkühl-Ofenfrites	zubereiten wie auf S. 104 beschrieben. Währenddessen:
2-4 EL	Olivenöl	in einer Bratpfanne erhitzen
ca. 400 g	geschnetzeltes Fleisch: teure zarte bindegewebsarme Qualität vom Kalb, Rind, Schwein oder Geflügel, für die Zubereitung à la minute	portionenweise im heißen Öl ca. 3 min bei großer Hitze anbraten: zuerst unbewegt einseitig anbräunen, dann ab und zu wenden und mischen. Aus der Pfanne nehmen, beiseite stellen
1	weiße Zwiebel, gehackt	bei mittlerer Hitze dünsten
400-800 g	verträgliche Tiefkühl-Gemüsemischung	gefroren dazu geben. Weiter dünsten
4 EL	UrDinkelmehl oder Stärke	mit dem Teesieb darüber streuen und kurz mitbraten ODER in der kalten Flüssigkeit verrühren, die man zum Ablöschen verwendet
evtl. ½ dl	histaminfreier Weißwein	ablöschen
4-6 dl	Wasser oder eine verträgliche Bouillon S. 62f	ablöschen
nach Belieben	Gewürze: z.B. Salz ohne Jod / Fluor, Rosmarin, Thymian, mildes Paprikapulver	dazu geben. Auf kleiner Stufe unter gelegentlichem Umrühren zugedeckt schmoren lassen. Wenn nötig Wasser nachgießen
evtl. 1 dl	Rahm / Sahne ohne Zusatzstoffe	beifügen zum Verfeinern. Das Fleisch nun wieder dazu geben. Erwärmen

Variationen:

Günstigere bindegewebsreiche Fleischqualitäten etwas länger anbraten und anschließend in der Flüssigkeit schmoren, gemäß Beratung durch den Metzger. Schmorzeiten: Kalb und Geflügel 5-8 min, Schwein 15-20 min, Rind 30-40 min

Kartoffel-Gemüse-Gratin

Rezept für 4 Portionen   Histaminose, glutenfrei

ca. 600 g	Kartoffeln, festkochende Sorte	waschen, schälen und in 1 cm große Würfel schneiden
ca. 800 g	verträgliche Gemüsearten nach Belieben, z.B. Karotten, Blumenkohl, Broccoli, Fenchel, Spargel, Paprika, Pastinaken, weiße Zwiebel, Chicorée	waschen, vorbereiten, zerkleinern
(evtl. etwas	Knoblauch oder Knoblauchpulver)	
1 Liter	Wasser	
1 TL	Salz ohne Jod / Fluor oder verträgliche Gemüsebouillon S. 62f	aufkochen

Gemüse und Kartoffeln 8-10 min in der Bouillon blanchieren
Mit einer Lochkelle herausfischen und in eine (evtl. mit **Butter oder Öl** eingeriebene) Gratinform geben. 1 dl Bouillon für den Guss aufheben
Backofen auf 200 °C vorheizen

Guss:

1 EL	Stärke	
1	Eigelb	
2 dl	Milch oder Rahm ohne Zusatzstoffe	
1 dl	der oben zubereiteten Bouillon	
½ TL	Salz ohne Jod / Fluor oder verträgliche Gemüsebouillon S. 62f	
80 g	geriebener Mozzarella / Ziegenfrischkäse / Frischkäse ohne unverträgliche Zusatzstoffe	
etwas	Kräuter, frisch oder getrocknet: z.B. Oregano / Kräuter der Provence	klumpenfrei verrühren
ganz wenig	Muskatnuss, gemahlen / gerieben	Darüber gießen

In der Ofenmitte ca. 20 min backen bei 200 °C (Umluft: 180 °C)

Material
Lochkelle oder ähnliches, Backofen, Gratinform

Zucchini-Kartoffel-Gratin

Rezept für 4 Portionen — Histaminose, glutenfrei

wenig	Butter	Form einfetten
ca. 600 g	Pellkartoffeln S. 100, festkochende Sorte	
ca. 400 g	Zucchini	in dünne Scheiben schneiden
300 g	Rahmquark	vermischen
200 g	geriebener Mozzarella	
2	Eigelb, verquirlt	Kartoffeln und Zucchini lagenweise in die Form füllen und über jede Lage etwas von der Füllung verteilen
4 EL	Milch	
nach Belieben	Kräuter	
1 TL	Salz ohne Jod / Fluor	Im auf 200 °C vorgeheizten Ofen ca. 25-35 min backen

Material

Feuerfeste flache Form, Backofen

Lasagne

Rezept für 4 Personen bzw. 1 Ofenform Histaminose, glutenfreie Variante

2 EL	Olivenöl oder Bratbutter	in der Bratpfanne erhitzen
ca. 1 kg	verträgliches Gemüse: z.B. Paprika, Karotten, Kürbis, Broccoli, Stangensellerie, weiße Zwiebel, evtl. wenig Dosenmais	klein geschnitten beifügen Anbraten
½ dl	histaminfreier Wein	ablöschen, zur Hälfte eindampfen lassen
nach Belieben	Salz ohne Jod / Fluor, Küchenkräuter, Paprikapulver mild, Knoblauchpulver, (evtl. wenig Pfeffer)	würzen zugedeckt garen

Sollte das Gemüse zu flüssig sein, kann man etwas Stärke oder UrDinkelmehl über das heiße Gemüse stäuben und gut mischen, um die Flüssigkeit zu binden.

ca. 500 ml	Béchamel- oder weiße Schinkensauce, S. 51	zubereiten
ca. 200 g	verträgliche Teigblätter oder breite Bandnudeln (siehe unten)	
ca. 150 g	geriebener Mozzarella (oder einige Scheiben junger(!) Gouda)	verwenden wie folgt:

Gemüse, Teigblätter und weisse Sauce abwechslungsweise in dünnen Lagen in eine feuerfeste flache Ofenform einschichten

Mit Käse bedecken

In der Ofenmitte bei 200 °C (Umluft: 180 °C) ca. 40 min backen, bis eine leicht gebräunte Kruste entstanden ist

Material

Backofen, feuerfeste flache Form

Anmerkungen

Lasagne-Teigblätter aus Dinkel ohne Ei sind schwer zu finden und teuer (Reformhaus). Im Asia-Shop kann man hauchdünnes Reispapier oder Teigblätter aus Reismehl und evtl. Tapiokastärke finden. Ferner eignen sich Pfannkuchen (S. 145), extra breite Reisnudeln, glutenfreie Lasagneblätter oder sonstige Teigwaren (die je nach individueller Verträglichkeit ggf. eifrei und weizenfrei sein sollten).

Variationen

Als Proteinquelle zusammen mit dem Gemüse noch etwas zerkleinerten Panir (S. 201) oder geschnetzeltes Geflügelfleisch mitbraten

Ricotta-Gnocchi

Rezept für 4 Portionen　　　　　　　　　　　　Histaminose, vegetarisch

360 g	UrDinkelmehl		
80 g	geriebener Mozzarella		
2 TL = 10 g	Salz ohne Jod / Fluor	in einer Schüssel vermischen	
500 g	Ricotta	dazu geben, zu einem glatten Teig verkneten	
2	Eigelb	Den Teig in etwa fingerdicke Rollen rollen	
120 g	Quark	Davon kleine Stücke abschneiden/abstechen	
etwas	Butter / Rapsöl / Olivenöl		
1-2 kleine	Zucchini		
1	Paprika		
2 Prisen	Salz ohne Jod / Fluor		
(evtl. wenig	Knoblauchpulver)	Klein gewürfeltes Gemüse in einer hohen Bratpfanne bei mittlerer Hitze andünsten	

Währenddessen ungefähr 6 dl Wasser zum Kochen bringen

Gnocchi ins schwach kochende Wasser geben (evtl. portionenweise), einmal kurz umrühren, damit sie nicht zusammenkleben

Je nach Größe mindestens ca. 2 min ziehen lassen, bis sie aufsteigen

Wasser abgießen (oder die obenauf schwimmenden Gnocchi mit einer Schaumkelle aus dem Wasser nehmen) und abtropfen lassen

Gnocchi in die Bratpfanne geben, mit dem Gemüse vermischen und bei großer Hitze unter gelegentlichem Wenden kurz anbraten

Variationen

Gemüse durch **Kürbis** ersetzen und in der Butter 2-3 **Salbeiblätter** kurz mitbraten

Anmerkungen

Schnell und einfach, weil ohne Kartoffeln. Klebt nicht

Pasta mit Hähnchenstreifen und Frischkäse-Sauce

Rezept für 4 Portionen Histaminose, glutenfreie Variante möglich

2 EL	Olivenöl	
500 g	geschnetzeltes Hähnchenfleisch oder Hähnchenbrust in Streifen geschnitten	in einer Bratpfanne ca. 5 min im heißen Öl anbraten Salzen und würzen
etwas	Salz ohne Jod / Fluor	Aus der Pfanne nehmen
1 EL	Olivenöl	in der Bratpfanne erhitzen
1	rote Spitzpaprika, in kleinen Würfeln	
1 kleine	Zucchini, in kleinen Würfeln	anbraten
1 dl	Wasser oder histaminfreier Weißwein / Frizzante / Sekt	ablöschen Etwas einköcheln lassen
400 g	streichfähiger Frischkäse (ohne Konservierungsstoffe, Stabilisator, Verdickungsmittel, Jod)	mit dem Gemüse vermischen Fleisch dazu geben und kurz erhitzen
Teigwaren:		
2 Liter	Wasser	zum Kochen bringen
2 EL	Salz ohne Jod / Fluor	beifügen
ca. 400 g	Teigwaren aus UrDinkel / Dinkel / Reis / Mais, ohne Eier	nach Herstellerangabe einige Minuten bei kleiner Hitze im Salzwasser kochen, bis die Teigwaren bissfest sind

Alles mit den Teigwaren vermischen und servieren

Asiatisch angehauchte Pfanne

Rezept für 4 Portionen   Histaminose, glutenfrei, laktosefreie Variante

2 EL	hoch erhitzbares Rapsöl / Bratbutter	
500 g	geschnetzeltes Hähnchenfleisch oder Putenbrust in Streifen geschnitten	Mit Mehl bestäubtes Fleisch in einer Bratpfanne ca. 5 min im heißen Öl anbraten
etwas	Stärke oder Reismehl	Salzen und würzen
etwas	Salz ohne Jod / Fluor	Aus der Pfanne nehmen
2 EL	hoch erhitzbares Rapsöl / Bratbutter	Gemüse vorbereiten, zerkleinern In derselben Bratpfanne kurz im heißen Öl braten
1	weiße Zwiebel	
3 Stück	Pak Choi oder 400 g Chinakohl	Würzen
1 Schuss	histaminfreier Weißwein	ablöschen, verdampfen lassen
4	Pellkartoffeln vom Vortag S. 100 oder Reisnudeln S. 104	zugeben und kurz mitbraten Das gebratene Fleisch beifügen
6 dl	süß-saure gelbe Curcuma-Sauce S. 52	darunter mischen

Anmerkungen

Der Pak Choi kann mitsamt den grünen Blättern verwendet werden.

Variationen

Anstatt die gelbe süß-saure Sauce separat zuzubereiten, kann man deren Zutaten auch direkt beifügen: **Curcuma, Pfeffer, Knoblauchpulver, (evtl. Ingwer), Zucker und Alkoholessig** beifügen und abschmecken.

Vegetarische Variante: Fleisch ersetzen durch Panir (S. 201), der aber erst ganz zum Schluss beim Anrichten dazu gegeben wird.

Spaghetti Carbonara

Rezept für 4 Portionen   Histaminose, (glutenfreie Variante möglich)

4	Eigelb von frischen Eiern	
3 dl	Rahm / Sahne ohne Zusatzstoffe	
100 g	geriebener Mozzarella klein gehackt / Ziegenfrischkäse	
etwas	Salz ohne Jod / Fluor	
(evtl. wenig	Pfeffer)	
evtl. wenig	Knoblauchpulver	verquirlen
evtl. etwas	Petersilie, gehackt	Beiseite stellen
500 g	Spaghetti aus Dinkel / Reis / Mais, (ohne Eier)	nach Herstellerangabe im Salzwasser bissfest kochen Wasser weggießen Spaghetti beiseitestellen Währenddessen:
300 g	Kochschinken (ohne Hefeextrakt, Glutamat, Würze, E407)	in kleine Stücke schneiden Im heißen Öl leicht knusprig braten
2 EL	Rapsöl	

Die abgetropften Spaghetti im Kochtopf auf die noch warme, aber ausgeschaltete Herdplatte stellen

Sofort gebratenen Schinken und die Ei-Sahne-Mischung über die noch sehr heißen Spaghetti geben und mischen, bis das Ei anfängt zu binden. (Nicht erwärmen, da sonst das Ei gerinnt!)

Mit Basilikumblättern garnieren und warm servieren

Variationen

In Asia-Shops findet man evtl. spaghettiförmige Reisnudeln.

Spaghetti Carbonara ohne Ei

Weiße Schinkensauce (S. 51) über die gekochten Spaghetti geben, evtl. mit etwas gehackter Petersilie, garniert mit Basilikumblättern

Spaghetti al Pesto, Basilikum-Pesto

Rezept für 4 Portionen Histaminose, glutenfreie Variante möglich

1-2 TL	Salz ohne Jod / Fluor	
40 g	Basilikum, frisch	
evtl. etwas	Petersilie, frisch	in dieser Reihenfolge im Mörser zerreiben, zerstampfen oder sehr fein hacken
ca. 80-100 g	Macadamia-Nüsse	
40 g	geriebener Mozzarella	
40 g	Ziegenfrischkäse	
etwas	Olivenöl	
(evtl. wenig	Knoblauchpulver)	beifügen und gut vermengen
2 Liter	Wasser	zum Kochen bringen
1 EL	Salz ohne Jod / Fluor	beifügen
evtl. ca. 200 g	Kartoffeln, festkochende Sorte	waschen, schälen, in 1 cm große Würfel schneiden, beifügen, ca. 5 min bei kleiner Hitze kochen
evtl. ca. 300 g	Broccoli oder Zucchini	zerkleinern, beifügen
400-600 g	UrDinkelteigwaren, glutenfreie Spaghetti oder Reisnudeln (ohne Eier)	beifügen Kochen bis sie bissfest sind

Alles durch ein Sieb abgießen und dabei einige EL Kochwasser aufheben

Die abgetropften Teigwaren zurück in den Kochtopf geben

²/₃ des Pestos mit heißen Teigwaren und etwas Kochwasser vermischen (nicht kochen).

Auf Tellern anrichten. Restliches Pesto als Garnitur über die Teigwaren geben

Material

Evtl. Mörser

Anmerkungen

Knoblauchpulver ist besser verträglich als frische Knoblauchzehen, die nicht roh gegessen werden sollten.

Macadamia-Nüsse findet man in den meisten Supermärkten geröstet und gesalzen bei den Snacks. Die üblicherweise verwendeten Pinienkerne könnten evtl. in kleinen Mengen ebenfalls ausreichend verträglich sein.

Variationen

Ausserhalb der Saison kann Basilikum durch Petersilie ersetzt werden.

Älpler-Magronen

Rezept für 4 Personen   Histaminose

500 g	Kartoffeln, festkochend	waschen, schälen, ca. 1 cm klein würfeln
1 Liter	Wasser	
1 TL	Salz ohne Jod / Fluor	Im Salzwasser 10-12 min kochen*
200 g	UrDinkel-Teigwaren: Hörnli oder Magronen	zu den Kartoffeln geben und nach Herstellerangaben knapp bissfest kochen Wasser abgießen
1-2	Äpfel	in kleine Würfel schneiden
ca. 20 g = 2 EL	Butter	In warmer Butter anbraten
2 dl	Rahm / Sahne ohne Zusatzstoffe oder Milch	
etwas	Salz ohne Jod / Fluor	zugeben, aufkochen, würzen
(evtl. wenig	Pfeffer)	Zu den Teigwaren und Kartoffeln geben
ganz wenig	Muskatnuss	Sorgfältig mischen
1	weiße Zwiebel	
3 EL	UrDinkelmehl / Stärke / Reismehl	Zwiebel in Ringe schneiden, in Mehl wenden und in Butter knusprig braun rösten
etwas	Butter / Bratbutter	
200 g	(Gouda, jung(!)) oder geriebener Mozzarella	in kleinen Würfelchen bzw. gerieben unter die heiße Speise mischen

Auf Tellern anrichten, mit den Zwiebelringen garnieren und sofort servieren

Anmerkungen

*) Wie lange man die Kartoffeln vor der Zugabe der Teigwaren vorkochen soll, ist abhängig von der Kochzeit der Teigwaren (Herstellerangabe). Die Kochzeit der Kartoffeln sollte insgesamt ca. 20 min betragen.

Variationen

An Stelle der gebratenen Apfelstückchen kann man auch Apfelmus (ohne unverträgliche Zutaten / Zusatzstoffe) vor dem Servieren darüber geben oder separat dazu servieren.

Crêpes / Pfannkuchen

Nature oder gefüllt, salzig oder süß

Rezept für 4 Portionen — Histaminose, laktosefreie Variante möglich

8 dl	Milch und / oder Wasser	Mit dem Schneebesen die Milch mit dem Eigelb und danach mit dem Mehl und dem Salz verquirlen. Den dünnflüssigen Teig 30 min ruhen lassen
8	Eigelb	
400 g	UrDinkelmehl	
nach Belieben	Salz ohne Jod / Fluor	
1 TL	Olivenöl oder Bratfett / Bratbutter	Bratpfanne erhitzen, wenig Öl beifügen. So viel Teig in die Pfanne gießen, dass der ganze Pfannenboden mit einer dünnen Schicht knapp bedeckt ist. Goldbraun braten (ca. 2-3 min pro Seite)
nach Belieben	Zutaten für die süße oder salzige Füllung, siehe unten	Die noch heißen Pfannkuchen einseitig dünn mit kalter / heißer Füllung bestreichen, einrollen und warm / kalt servieren

Material

Große flache Bratpfanne, Schneebesen, evtl. Küchenreibe (=Raffel)

Salzige Füllungen:

- Gebratenes Gemüse, z.B. geriebene Karotten, Kräuter, mildes Paprikapulver, (Knoblauchpulver) mit etwas Quark / streichfähigem Frischkäse vermengen
- 1-2 Scheiben verträglicher Kochschinken (ohne Hefeextrakt, Glutamat, Würze, E407), 1 dünne Scheibe junger (!) Gouda oder etwas Frischkäse

Süße Füllungen:

- Mit Zucker (und Zimt) bestreuen
- Eine verträgliche Beeren- oder Fruchtsorte mit Quark mischen (z.B. Äpfel, Heidelbeeren, Brombeeren, Johannisbeeren, Kirschen, Kaki, Aprikose, Nektarine, Pfirsich, Melone)
- Mit Agavendicksaft / Ahornsirup / Konfitüre aus verträglichen Früchten (evtl. ohne Citronensäure) / Honig bestreichen

Anmerkungen

Nur hoch erhitzbares Öl verwenden (bis 180° erhitzbar, steht meistens auf der Flasche)

Pfannkuchen / Fajitas / Tortillas de harina

Rezept für 4 Portionen Histaminose, (laktosefreie Variante möglich)

- Teig:

ca. 8 dl	Milch / Wasser	
4	Eigelb	
ca. 400 g	UrDinkelmehl	mit dem Schneebesen die Milch mit dem Eigelb und danach mit dem Mehl und dem Salz verquirlen
1-2 TL	Salz ohne Jod / Fluor	Den dünnflüssigen Teig 30 min ruhen lassen
etwas	Olivenöl / Bratfett / Bratbutter	Eine große flache Bratpfanne bei mittlerer bis großer Hitze erhitzen und wenig Öl oder Fett hinein geben Vom Teig so viel in die Mitte der Bratpfanne gießen, dass sich damit der ganze Boden dünn bedecken lässt. Wenn nötig den Teig sofort durch langsames Schwenken der Pfanne gleichmäßiger verteilen bis an den Rand hinaus
evtl. etwas	geriebener Mozzarella	Nach Belieben: unverzüglich mit geriebenem Mozzarella bestreuen, solange der Teig noch flüssig ist

Den Teigfladen wenden, sobald er fest und leicht goldbraun ist
Weiter braten, bis auch die zweite Seite leicht goldbraun ist
Einen großen, flachen Teller auf eine Herdplatte stellen und auf der niedrigsten Stufe (Warmhaltestufe) einschalten. Darauf die fertigen Pfannkuchen stapeln

Füllung: siehe nächste Seite

Material

Große flache Bratpfanne, evtl. Schneebesen

Anmerkungen

Der Teig soll einerseits ausreichend dickflüssig werden, um genügende Reißfestigkeit zu erreichen, aber doch dünnflüssig genug, so dass er in der Bratpfanne zu einem möglichst dünnen Fladen zerfließt.

- Füllung:

ca. 400 g	Geschnetzeltes: Geflügel / Rind / Kalb / Schwein	Fleisch in der Bratpfanne mit etwas Öl heiß anbraten
etwas	Olivenöl oder Bratbutter	Aus der Pfanne nehmen und zugedeckt warm stellen
ca. 400 g	verträgl. Gemüse, klein geschnitten: z.B. Karotten, Süßkartoffeln, Pastinaken, Paprika, Zucchini, weiße Zwiebel, evtl. wenig Dosenmais	in die Pfanne geben und braten evtl. etwas Öl nachgießen
1 dl	histaminfreier Wein / Wasser	ablöschen
2 dl	Rahm / Sahne ohne Zusatzstoffe	
2 EL	Stärke, z.B. Maisstärke	Die Stärke und die Gewürze mit dem Schneebesen im kalten Rahm verquirlen In der Pfanne mit dem Fleisch und dem Gemüse vermischen Bei kleiner Hitze unter Umrühren weiter ziehen lassen
2-3 EL	Paprikapulver, mild	
½ TL	Salz ohne Jod / Fluor	
(etwas	Knoblauchpulver)	
nach Belieben	Küchenkräuter: z.B. Petersilie, Kräuter der Provence	

Füllen und rollen

1. Füllung nur im linken oberen Bereich auftragen wie unten abgebildet
2. Von links her einrollen bis zur Mitte, dann das untere Stück nach oben klappen. So verhindert man, dass die Füllung unten heraus laufen kann, wenn man die Rolle in der Hand hält.
3. Weiter rollen

Schweinebraten, Schweinshalsbraten

Rezept für 4 Portionen — Histaminose, glutenfrei, laktosefrei

etwas	Olivenöl	
einige	Kartoffeln mehligkochend	
einige	Karotten	Gemüse schälen und in nicht zu kleine Stücke schneiden
evtl. etwas	weiße Zwiebel	In einer kleinen Schüssel mit dem Öl vermengen
evtl. etwas	Paprika	
(evtl. etwas	Knoblauch)	Auf dem Backblech verteilen
1 Stück	Schweinshals	Gegebenenfalls die Schwarte mehrmals gitter- oder rautenförmig einschneiden (nicht tiefer als die Schwartendicke)
reichlich	Salz ohne Jod / Fluor	
wenig	Paprikapulver, mild	
wenig	Majoran / Thymian / Rosmarin / Oregano	Fleisch rundherum gut salzen und würzen

Im auf 180° vorgeheizten Backofen: Fleisch auf ein Gitter in der Ofenmitte legen. Darunter ein Backblech platzieren

ca. 1 EL	verträgliche Gemüsebouillon S. 62f	in 1½ dl Wasser verrühren (Evtl. andicken mit 1 TL Mehl / Stärke) Nach 45 min über den Braten und ins Backblech gießen und im Backofen weiter garen lassen (insgesamt ca. 1½ h)

Den Braten quer zum Faserverlauf in Scheiben schneiden und mit dem Gemüse und etwas Sauce auf den Tellern anrichten

Material
Backofen, Backblech, evtl. Backpapier

Saftiger Schmorbraten im Kochtopf

Rezept für 4 Portionen   Histaminose, glutenfrei, laktosefrei

2	weiße Zwiebeln	hacken
etwas	Olivenöl	in Kochtopf / Bratpfanne erhitzen
1 Stück (ca. ½ – 1 kg)	Bratenfleisch: Schwein, Rind, Kalb, Lamm	im heißen Fett rundherum gut anbraten Herausnehmen und beiseite stellen

Die gehackten Zwiebeln glasig braten
Fleisch zurück in den Topf auf die Zwiebeln legen

evtl. ½ dl	histaminfreier Wein	ablöschen, zur Hälfte eindampfen lassen
2 dl	Wasser mit 2 TL verträglicher Gemüsebrühe S. 62f	
etwas	Salz ohne Jod / Fluor	
nach Belieben	Kräuter: z.B. Majoran / Thymian / Rosmarin / Oregano	beifügen abschmecken

Aufkochen, dann zugedeckt bei kleiner Hitze 1½ bis 2 h köcheln lassen

Fleisch entnehmen, quer zum Faserverlauf in Scheiben schneiden und auf den Tellern oder einer Platte anrichten

Die Sauce durch ein Passiersieb in ein Gefäß gießen und die Zwiebelstückchen mit einem Löffel durch das Sieb drücken

Sauce über das Fleisch verteilen

Dazu z.B. Salzkartoffeln (S. 102) und Rotkraut (S. 115) oder Mischgemüse servieren

Material

Evtl. Passiersieb

Variationen

Im Schnellkochtopf lässt sich die Kochzeit stark verkürzen. Kochzeit gemäß Herstellerangabe

Sauerbraten im Kochtopf

Rezept für 4 Portionen   Histaminose, glutenfrei, laktosefrei

1	weiße Zwiebel	
2	Karotten	
evtl. ½	Pastinake	waschen
etwas	Stangensellerie / Petersilie	Grob zerkleinern
1	Lorbeerblatt	
6	Wacholderbeeren	
1-2	Gewürznelken	
(ganz wenig	Zimt)	
(evtl. wenig	Knoblauchpulver)	
1½ dl	Alkoholessig 4,5 %	
3-4 dl	histaminfreier Rotwein	
2 TL	Zucker	mit dem Wurzelgemüse in eine Schüssel geben
etwas	Salz ohne Jod / Fluor	
1 Stück (ca. ½–1 kg)	Bratenfleisch vom Rind aus der Keule, z.B. falsches Filet	Ggf. die weiße Sehnenschicht von der Oberfläche wegschneiden

Fleisch in obiger Marinade einlegen, so dass es vollständig in der Flüssigkeit liegt
Mit Klarsichtfolie abdecken
3 bis 6 Tage im Nullgradbereich des Kühlschranks marinieren (1 Tag pro 2 cm Ø)

Fortsetzung auf der nächsten Seite...

2 weiße Zwiebeln	schälen, hacken
etwas Olivenöl	in einer hohen Bratpfanne erhitzen
Fleisch abtropfen lassen (Marinade aufheben für später) und im heißen Öl rundherum anbraten	
Zwiebeln dazu geben und rösten, bis sie deutlich angebräunt sind	
3 EL flüssiger Honig oder Agavendicksaft	dazu geben und kurz karamellisieren lassen
Die Marinade, in der das Fleisch eingelegt war, durch ein Sieb in die Bratpfanne gießen	
etwas verträgliche Bratensauce / Gemüsebrühe S. 62ff	beifügen
Deckel aufsetzen und bei mittlerer bis kleiner Hitze ca. 2 Stunden schmoren	
Nach der Hälfte der Zeit das Fleisch einmal umdrehen	
Nach dem Kochen das Fleisch mit Alufolie bedeckt warm stellen	
Die Sauce in ein geeignetes Gefäß umfüllen und mit dem Mixer pürieren	
½ TL Stärke	in der Sauce verrühren
(1 Handvoll Rosinen) / Cranberries / Dörraprikosen, ungeschwefelt(!)	Unter Umrühren kurz aufkochen
Fleisch quer zum Faserverlauf in Scheiben schneiden und auf Tellern oder auf einer Platte anrichten	
Sauce über das Fleisch verteilen	
Dazu z.B. Salzkartoffeln (S. 102) und Rotkraut (S. 115) oder Mischgemüse servieren	

Material

Passiersieb, Mixer mit Pürieraufsatz

Anmerkungen

Die Verträglichkeit wird beeinflusst durch: Histamingehalt des Alkoholessigs und des Weins, Frische des Fleisches, Lagertemperatur und Lagerdauer im Kühlschrank, Menge und individuelle Verträglichkeit der verwendeten Gewürze und Dörrfrüchte (für Salicylat-Empfindliche) und natürlich von der Verzehrsmenge.

Saftiger Braten im Backofen

Rezept für 3-6 Personen   Histaminose, glutenfrei, laktosefrei

4-6 EL	Olivenöl oder Bratbutter	in Bratpfanne erhitzen
1 Stück (ca. ½ – 1 kg)	Bratenfleisch: Schwein, Rind, Kalb, Lamm, mit Fett durchzogen oder an einem Knochen	rundherum heiß anbraten, bis es eine knusprige Kruste hat
reichlich	Salz ohne Jod / Fluor	Fleisch in einer feuerfesten Form (oder auf dem Backblech) rundherum gut salzen und würzen
wenig	Paprikapulver, mild	
wenig	Majoran / Thymian / Rosmarin / Oregano	

Im auf 90-180 °C vorgeheizten Backofen in die Ofenmitte schieben (je tiefer die Temperatur, desto besser das Resultat, aber umso länger dauert es).

Ca. 1-2 h schmoren bis die richtige Kerntemperatur erreicht ist (Schweinsbraten 75-85 °C, Rinderbraten 80-90 °C, Kalbsbraten 64-74 °C, Lamm 80-85 °C). Gemessen wird mit einem Backofenthermometer, dessen Spitze man genau bis in die Mitte des Fleischstücks sticht.

Bei Erreichen der Kerntemperatur sofort aus dem Ofen nehmen und kurz ruhen lassen

Den Braten in Scheiben schneiden und mit Beilagen auf den Tellern anrichten

Material

Backofen, feuerfeste Form oder Backblech, Backofenthermometer

Variationen

Dazu serviert man z.B. Bratensauce (S. 65),
eine Gemüsegarnitur wie in den vorhergehenden Bratenrezepten beschrieben
oder Salzkartoffeln (S. 102) und Rotkraut (S. 115).

Reiseproviant, Picknick

Frischkäse mit Tortilla-Chips und Rohkostgemüse

Rezept für 1-2 Portionen · Histaminose, glutenfrei

1 kleine Tüte	Tortilla-Chips = Mais-Chips oder Kartoffelchips nature	
1 Stück	Mozzarella / Quark nature / Ziegenfrischkäse / streichfähiger Frischkäse (ohne Konservierungsstoffe, Verdickungsmittel, Stabilisator, Jod)	
nach Belieben	verträgliches Rohkostgemüse: z.B. Paprika / Spitzpaprika / Karotte / Salatgurke / Fenchel / Chicorée / Blattsalate / Chinakohl / Stangensellerie / Radieschen / milder Bierrettich / Zucchini / Rotkohl / Weißkohl / Spitzkohl / grüner Spargel / gedämpfte Randen (=Rote Bete)	Gemüse waschen und vorbereiten

Ein Picknick, das unterwegs in fast jedem Supermarkt erhältlich ist. Nach dem Kauf entweder sehr bald konsumieren oder das Milchprodukt gekühlt aufbewahren

Material

Evtl. Taschenmesser

Variationen

Zum Nachtisch einen Apfel oder eine verträgliche andere Frucht oder Beeren nach Saison (S. 205)

Anmerkungen

Nur Chips ohne Geschmacksverstärker (Glutamate, Hefeextrakt) und ohne Jodsalz wählen

Auch Hüttenkäse wäre im Prinzip geeignet. Je nach Land enthalten jedoch die meisten Hüttenkäse unverträgliche Verdickungsmittel (Guarkernmehl E412, Johannisbrotkernmehl E410, Carrageen E407), vereinzelt sogar Konservierungsstoffe, Geschmacksverstärker oder Jod. Wählen Sie ein verträgliches Produkt.

Schinkensandwich und Rohkostgemüse

Rezept für 1 Portion   Histaminose, glutenfrei, (laktosefreie Variante möglich)

2 oder 4 Scheiben	selbstgebackenes / verträgliches Brot S. 165ff	
2-6 Scheiben	Kochschinken (ohne Hefeextrakt, Glutamat, Würze, Raucharoma, E407)	
etwas	Mascarpone oder Butter	Zu einem Sandwich zusammenfügen
(1 Scheibe	junger(!) Gouda) oder Mozzarella	
nach Belieben	frisches Basilikum oder andere Kräuter	
nach Belieben	Salatblatt, Salatgurke, Radieschen	
evtl. etwas	verträgliches Rohkostgemüse: z.B. Paprika / Karotte / Salatgurke / Fenchel / Chicorée / Blattsalate / Chinakohl / Stangensellerie / Radieschen / milder Bierrettich / Zucchini / Rotkohl / Weißkohl / Spitzkohl / grüner Spargel / gedämpfte Randen	waschen, vorbereiten Roh dazu essen

Material

Evtl. Taschenmesser

Variationen

Zum Nachtisch einen Apfel oder anderes verträgliches Obst / Beeren nach Saison

Anmerkungen

Gekühlt transportieren oder erst kurz vor dem Verzehr unterwegs einkaufen! Nur Kochschinken ohne Geschmacksverstärker (Glutamate, Hefeextrakt, Würze/Würzmischung o.ä.), ohne E407 und ohne Jodsalz wählen! Kein Rohschinken!

Maiskolben vom Grill, Folienkartoffeln

Rezept für 1 Person   Histaminose, glutenfrei, laktosefrei

4-6	Zuckermaiskolben, roh oder pasteurisiert	
etwas	Rapsöl / Olivenöl / Butter	Maiskolben rundherum einfetten
nach Belieben	Kräuter, frisch oder getrocknet: z.B. Kräuter der Provence	zusammenmischen und den Kolben rundherum damit bestreuen
(nach Belieben	Knoblauchpulver)	In Alufolie einwickeln
etwas	Salz ohne Jod / Fluor	In Alufolie verpackt auf den Grill legen, damit er im eigenen Dampf gart und
etwas	Paprikapulver, mild	nicht verkohlt bei zu großer Hitze
(evtl. wenig	Pfeffer)	Mehrmals wenden

Dazu können gleich noch ein paar **Folienkartoffeln** (in Alufolie eingewickelte rohe Kartoffeln) mitgegart werden.

Material

Grill / Feuer, Alufolie, evtl. Grillzange

Variationen

Roher Mais muss sehr lange garen. Kauft man die Maiskolben roh, kann man sie bereits zu Hause etwas im Dampf vorgaren, damit sie weniger lang über dem Grillfeuer schmoren müssen. Am besten zugedeckt in einem Kochtopf, dessen Boden mit Wasser bedeckt ist, oder in der Mikrowelle zugedeckt in einem Teller mit etwas Wasser

Grillgemüse in Alufolie

Rezept für 1 Person — Histaminose, glutenfrei, laktosefrei

nach Belieben	verschiedene verträgliche Gemüse, z.B. Babykartoffeln, Süßkartoffeln, Zucchini, Paprika, Karotten, weiße Zwiebel, Kürbis, Blumenkohl, Stangensellerie, Rote Bete	waschen und etwas zerkleinern. Je kleiner, desto schneller ist es gar. Das Gemüse mit langer Garzeit kleiner schneiden als dasjenige mit kurzer Garzeit.
nach Belieben	Küchenkräuter, frisch oder getrocknet, z.B. Rosmarin, Salbei, Thymian, Oregano, Bohnenkraut, etc.	mit dem Gemüse vermischen und in Alufolie zu einem oder mehreren flachen Paketen verpacken
evtl. wenig	Olivenöl oder Bratbutter	
1-2 Portionen	Dip-Sauce, selbst gemacht S. 58ff	
etwas	Salz ohne Jod / Fluor	dazu servieren

Pakete nebeneinander auf den Grill legen bis sie gar sind. Evtl. auf der Oberseite eine Möglichkeit schaffen, ab und zu hinein zu schauen. Die Unterseite sollte hingegen dicht sein, damit kein Saft in die Glut tropft (Rauchentwicklung).

Material

Alufolie, Grill / Feuer, evtl. Grillrost, Grillzange

Backwaren

Diverse selbst gemachte Backwaren (S. 165ff) eignen sich zum Mitnehmen für unterwegs: z.B. Brot, Gemüsestrudel, Wähen, etc.

Salate

Diverse selbst zubereitete Salate (S. 75ff) eignen sich zum Mitnehmen für unterwegs: z.B. Fenchelsalat, Karottensalat, Rote-Bete-Salat, Gurkensalat, Paprikasalat, Teigwarensalat, gemischte Salate etc.

Bei welkenden Blattsalaten die Sauce erst kurz vor dem Verzehr darüber gießen.

Teigwaren mit hellroter Zucchinisauce

Geeignet für ungekühlten Transport und einfache Zubereitung auswärts

Vorbereitung für den Transport

Für die Teigwaren: verträgliche Nudeln und unjodiertes Salz mitnehmen

Für die Sauce: Stärke, Salz, Gewürze und Kräuter in ein kleines Döschen abfüllen

Öl und histaminfreien Weißwein je in ein kleines Fläschchen oder Gläschen abfüllen

Gemüse und Haltbar-Milch mitnehmen oder evtl. unterwegs einkaufen

Rezept für 2 Portionen   Histaminose, glutenfreie Variante möglich, vegetarisch

1 kleine	Zucchini	waschen, der Länge nach vierteln und in kleine Stücke schneiden
evtl. ½	weiße Zwiebel	schälen, hacken
1 EL	Rapsöl / Olivenöl / Butter	Gemüse in einer Bratpfanne im heißen Fett/Öl anbraten
½ dl	histaminfreier Weißwein	ablöschen und den Alkohol verdampfen lassen
Gemüse zugedeckt 5-10 min bei kleiner Hitze garen		
5 dl	Haltbar-Milch = UHT-Milch	beifügen und sofort gut verrühren, damit keine Klumpen entstehen
2 EL	Stärke	
2 EL	Paprikapulver, mild	
etwas	getrocknete Kräuter, z.B. Kräuter der Provence	Unter Umrühren aufkochen
ganz wenig	Knoblauchpulver	Herdplatte ausschalten und stehen lassen, bis die Teigwaren fertig sind
1 TL	Salz ohne Jod / Fluor	
7 dl	Wasser	
etwas	Salz ohne Jod / Fluor	
250 g	verträgliche eifreie Teigwaren, z.B. aus UrDinkel, Reis, Mais	Teigwaren nach Herstellerangaben bissfest kochen Wasser abgießen

Teigwaren in Teller verteilen und mit der Sauce übergießen

Material

Kochplatte oder Gaskocher, Bratpfanne, Kochtopf

Partysnacks, kaltes Buffet

Kalte Platte für Stehempfang und Party

Auswahl möglicher Zutaten Histaminose, teilweise laktosefrei

Stärkebeilagen:
- Pellkartoffeln = Gschwellti, warm oder kalt
- Verträgliche Kartoffel- oder Mais-Chipssorten (ohne Glutamat, ohne Hefeextrakt)
- Popcorn, gesalzen (ohne Jod / Fluor) oder gezuckert
- Reiswaffeln, Maiswaffeln
- Macadamia-Nüsse, gesalzen (ohne Jod / Fluor)
- verträgliche Focaccia (Variante von S. 170)
- oder andere geeignete Backwaren (S. 165ff)

Proteinquellen: (immer gut kühlen!)
- Quark mit Kräutern, Paprika, Salz (ohne Jod / Fluor)
- Dip-Saucen, selbst gemacht (S. 58ff)
- Mozzarellakügelchen oder Mozzarella in Scheiben geschnitten
- Streichfähiger Frischkäse oder Ziegenfrischkäse
- Junger(!) Gouda
- Kochschinken (ohne Glutamat, Würze, Hefeextrakt, E407, nicht geräuchert)
- Braten, in dünne Scheiben geschnitten, ohne Geschmacksverstärker, ohne Hefeextrakte, selbst gemacht, direkt aus dem Ofen oder gekühlt servieren

Gemüse: (mundgerechte Stücke, dazu ein Salzstreuer mit Salz ohne Jod / Fluor)
- Paprika
- Salatgurke
- Karotten
- Radieschen
- milder Bierrettich
- Stangensellerie
- Chicorée
- Chinakohl
- Fenchel
- weiße Zwiebel (nicht Küchenzwiebel)
- Zucchini
- Spargel
- gedämpfte Rote Bete
- Blattsalate
- weitere/gemischte Salate: S. 75ff

Früchte, Obst:

- Äpfel
- Melonen
- Kaki
- Aprikosen
- Pfirsiche
- Nektarinen
- Kirschen
- Brombeeren
- Heidelbeeren
- Johannisbeeren
- Cassis
- (evtl. Kokosnuss/-raspel)

Dörrfrüchte (ungeschwefelt, ohne Konservierungsstoffe):

- Aprikosen, Äpfel, Cranberries

Getränke:

- Ein Krug mit Leitungswasser
- Mineralwasser ohne Kohlensäure
- Tee: Zitronenmelissentee, Goldmelissentee, Lindenblütentee, Eisenkraut-/ Verveinetee, Rooibostee, (Pfefferminztee)
- Traubensaft (ohne Konservierungsstoffe, ungeschwefelt, nicht gärend)
- Apfelsaft
- Cranberrynektar, Pfirsichnektar
- Milch, heiß oder gekühlt

Material

Zahnstocher zum Aufspießen

Anmerkungen

SEHR WICHTIG: Verderbliches, das gekühlt werden muss, erst beim Eintreffen der Gäste aus dem Kühlschrank nehmen, an einem kühlen Ort platzieren (ohne Sonneneinstrahlung, nicht neben Kerzen, Rechauds, heißem Tee etc.), nicht zu lange stehen lassen

Der Gastgeber / Koch sollte falls notwendig alles gut beschriften oder die betroffenen Gäste mündlich informieren, was für sie verträglich ist. Originalverpackungen mit Zutatendeklaration aufbewahren für Rückfragen

Variationen

Kalte Platte mit etwas (Schnittlauch) oder (Rettichkeimlingen) bestreuen, mit Radieschen und Mozzarellakügelchen garnieren

Salzstangen

Rezept für ca. 1 Backblech Histaminose, (laktosefreie Variante möglich)

100 g	Butter	zu einem festen Teig verkneten
280 g	UrDinkelmehl	Sofort weiterverarbeiten
½ Btl.*	Weinsteinbackpulver	Ca. 4-5 mm dick ausrollen
1 dl	Milch	In fingerbreite, ca. 15-20 cm lange Streifen schneiden
1 Prise	Salz ohne Jod / Fluor	
1	Eigelb	Oberseite dünn bestreichen
etwas	Salz ohne Jod / Fluor	darüber streuen
etwas	Kümmelsamen	
etwas	Paprikapulver, mild	Nach Belieben die einen Stangen mit Kümmel, die anderen mit Paprika oder Kräutern bestreuen
etwas	Kräuter der Provence, getrocknet	

Auf ein mit Backpapier belegtes Backblech legen

Bei 160-175 °C in der Ofenmitte hellbraun backen

Material

Nudelholz, Backofen, Backblech, Backpinsel

Variationen

Käsespiralen:

Teig noch dünner ausrollen

Dünn mit Ziegenfrischkäse bestreichen und mit Salz und getrockneten Kräutern der Provence bestreuen

Eine zweite, etwa gleich große dünne Lage Teig auf die bestrichene Fläche legen und sanft festdrücken

In fingerbreite, ca. 15-20 cm lange Streifen schneiden und diese zu einer Spirale verdrehen

*) Btl.: Siehe Kapitel „Abkürzungen und Definitionen"!

Gemüse-Dips

Knackige Gemüsestangen in verschiedene Saucen eintauchen

Gemüsesticks pro Person .... Histaminose, glutenfrei

nach Belieben	verschiedene verträgliche Rohkostgemüse	in Stäbchen
120-180 g	z.B. Karotten, Paprika (rot, gelb, grün), Fenchel, milder Bierrettich, Salatgurke, Stangensellerie, Zucchini, grüner Spargel geschält	schneiden In niedrige Gläser o.ä. füllen
80-100 g	verschiedene verträgliche Dip-Saucen, selbst gemacht gemäß S. 58ff	daneben stellen

Fladenbrot

Rezept für 1 Brotlaib Histaminose, glutenfrei, laktosefrei

500 g	Reismehl / Maismehl	
2 TL	Salz ohne Jod / Fluor	
evtl. ½ Btl.	Weinsteinbackpulver (ca. 9 g)	
5 dl	Mineralwasser, stark kohlensäurehaltig / Wasser	in einer Schüssel gründlich mit einer Kelle vermischen

Unverzüglich auf ein mit Backpapier belegtes Backblech geben (dickflüssig)

In den kalten oder vorgeheizten Ofen schieben. In der Ofenmitte 30-40 min mit Unter- und Oberhitze backen bei ca. 200 °C (Umluft: 180 °C)

Bei glutenfreien Spezialmehlmischungen die Zutatenliste auf unverträgliche Zutaten wie z.B. Lupinenmehl, Guarkernmehl etc. überprüfen

Material

Backofen, Backblech, Backpapier

Schnelles Quark-Dinkelbrot

Rezept für 1 Brotlaib Histaminose

500 g	UrDinkelmehl	
2 TL	Salz ohne Jod / Fluor	in einer Schüssel gründlich mit einer Kelle vermischen
1 Btl.*	Weinsteinbackpulver	
125 g	Quark	Zum Mehl geben und rasch zu einem dickflüssigen Teig verrühren
4 dl	Milch oder Wasser	

Unverzüglich in eine mit Butter oder Öl eingefettete oder antihaftbeschichtete Kastenform füllen. Die Gasentwicklung soll in der Kastenform stattfinden, weil die Masse beim Umfüllen wieder etwas zusammenfällt.

In den kalten Ofen schieben, zweite Rille von unten, 60 min backen mit Unter- und Oberhitze bei ca. 200 °C (Umluft: 180 °C)

Aus der Form nehmen und auf dem Gitterrost oder Blech weitere 15 min backen, damit das Brot rundum knusprig wird. Auf einem Gitterrost auskühlen lassen

Material

Backofen, Kastenform
*) Btl.: Siehe Kapitel „Abkürzungen und Definitionen"!

Schnelles Mais-Hirse-Dinkelbrot

Rezept für 1 Brotlaib Histaminose, (laktosefreie Variante möglich)

insges. 500 g:	350 g UrDinkelmehl	
	100 g Hirseflocken	
	50 g Gelbmaisdunst oder Maismehl	
	1-2 TL Salz ohne Jod / Fluor	Insgesamt 500 g Mehl / Mais / Hirse in eine Schüssel geben. Gut mit Salz und Backpulver sowie weiteren Beigaben vermischen
	1 Btl.* Weinsteinbackpulver oder Backhupf (Reformhaus)	
nach Belieben	Cranberries oder weitere verträgliche Zutaten, siehe unten	
	5 dl Mineralwasser, stark kohlensäurehaltig / Wasser	beifügen und sofort rasch und gründlich vermischen

Unverzüglich in eine mit Butter oder Öl eingefettete oder antihaftbeschichtete Kastenform gießen

Die Gasentwicklung soll in der Kastenform stattfinden, weil die Masse beim Umfüllen wieder etwas zusammenfällt.

60 min backen bei ca. 200 °C (Umluft: 180 °C), zweite Rille von unten, Unter- und Oberhitze

Aus der Form nehmen und auf dem Gitterrost oder Blech weitere 15 min backen, damit das Brot rundum knusprig wird

Auf einem Gitterrost auskühlen lassen

Material

Backofen, Kastenform

Variationen

Anteile der Getreidearten variieren oder nur 500 g Dinkelmehl verwenden

Einen Teil des Wassers durch Milch ersetzen

Nach Belieben mit weiteren Zutaten verfeinern (in den Teig mischen):
Cranberries getrocknet, ganz wenig Koriander, Frischkäse, Hanfsamenmehl-Proteinpulver, Kräuter, ...

*) Btl.: Siehe Kapitel „Abkürzungen und Definitionen"!

Butterzopf

Rezept für 4 kleine Zöpfe Histaminose, (laktosefreie Variante möglich)

1 kg	UrDinkelmehl	
1 Btl.*	Natron	
1 Btl.*	Weinsteinbackpulver (Reformhaus)	in einer Schüssel gründlich vermischen
5 dl	Milch oder Wasser	
250 g	Butter	
½ EL	Salz ohne Jod / Fluor	leicht erwärmen (die Butter schmilzt so besser und das Salz löst sich prima auf)

Die Flüssigkeit mit dem Mehl gut vermischen, bis der Teig nicht mehr an der Schüssel klebt

Den Teig aus der Schüssel nehmen und ca. 5 min gut kneten. (Falls er auf der Unterlage klebt, einen Handteigschaber benutzen. Möglichst nicht zusätzlich mit Mehl bestäuben, sonst wird er zu trocken.) Nach einer Weile klebt der Teig nicht mehr und wird zu einer kompakten Masse.

Teigmenge einteilen und die Zöpfe flechten. Die Menge reicht für z.B. 4 kleine Zöpfe.

1	Eigelb	verrühren, Oberseite bestreichen

in den kalten Ofen schieben

Backen bei ca. 180 °C, zweite Rille von unten, ca. 30 bis 45 min

Material

Backofen, Backblech, evtl. Backpapier, Backpinsel

Anmerkungen

Der Teig muss sehr zügig verarbeitet und unverzüglich zu einem Zopf geflochten werden, weil die chemische Reaktion des Treibmittels beginnt, sobald es mit Wasser in Kontakt kommt und dann bald wieder nachlässt. Keinesfalls vor dem Flechten stehen lassen; es ist kein Hefeteig. Nach dem Flechten darf man ihm aber ein paar Minuten Zeit lassen, bevor er in den Ofen kommt.

Damit der Zopf beim Schneiden nicht auseinanderfällt: eng flechten und Stränge sanft zusammendrücken, etwas Eigelb in die Spalten fließen lassen

*) Btl.: Siehe Kapitel „Abkürzungen und Definitionen"!

Olivenöl-Brot

Rezept für 4 mittelgroße Brote Histaminose, laktosefrei

1 kg	UrDinkelmehl	
1 Btl.	Natron (ca. 5 g)	
1 Btl.	Weinsteinbackpulver (18 g, im Reformhaus erhältlich)	
evtl.	weitere Zutaten: z.B. Rosmarin, (Oliven), (Knoblauch), Paprikawürfelchen…	in eine Schüssel geben und gründlich vermischen
4 dl	lauwarmes Wasser	Salz im Wasser auflösen
½ EL	Salz ohne Jod / Fluor	Öl mit dem Schneebesen im Wasser kräftig verquirlen und sofort mit dem Mehl vermischen
1 dl	Olivenöl	

Teig mit dem Teigschaber aus der Schüssel nehmen und ca. 5 min gut kneten (dabei ganz wenig zusätzliches Mehl oder Wasser beifügen, bis weder zu trocken noch klebrig)
Mehrere Brotlaibe formen (evtl. Hände zuvor mit Olivenöl einölen)

etwas	Olivenöl und Salz	Oberseite mit etwas Öl bestreichen
		Mit Salz bestreuen

In den kalten Ofen schieben. Backen bei ca. 180 °C, zweite Rille von unten, 35 bis 45 min

Material

Teigschaber, Backofen, Backblech, evtl. Backpapier, Backpinsel, Schneebesen

Variationen

Optional kann hier auch nur Weinsteinbackpulver verwendet werden. Das Brot wird auf diese Weise aber trockener als in Mischung mit Natron.

Nach Belieben können auch Rosmarin, klein geschnittene Paprikastückchen, je nach Verträglichkeit evtl. auch ein wenig fein gehackter Knoblauch und Olivenstückchen in den Teig gemischt werden. Oliven sind nicht besonders gut verträglich! Geeignetes Produkt wählen, Zutatenliste beachten, nur kleine Mengen konsumieren.

Als Fingerfood für Stehempfang oder Feste: Mozzarella-Stückchen in den Teig mischen, oder man formt aus dem Teig viele kleine Brötchen und platziert in deren Mitte ein kleines Stück Mozzarella.

Pizza mit selbst gemachtem Teig

Rezept für 1 Backblech Histaminose, laktosefreie Variante möglich

500 g	UrDinkelmehl	in eine Schüssel geben
1 Btl.	Natron (ca. 5 g)	und gut vermischen
2 dl	lauwarmes Wasser	Salz im Wasser auflösen
½ dl	Olivenöl	Öl mit dem Schneebesen im Wasser kräftig verquirlen und sofort mit dem Mehl vermischen
½ TL	Salz ohne Jod / Fluor	

Teig mit dem Teigschaber aus der Schüssel nehmen und ca. 5 min gut kneten (dabei ganz wenig zusätzliches Mehl oder Wasser beifügen, bis weder zu trocken noch klebrig)

Teig auf ein eingeöltes oder mit Backpapier belegtes Backblech legen und mit den Händen in Form ziehen und drücken (oder die Hälfte auf ein kleines rundes Blech und den Rest einfrieren)

nach Belieben	Gemüse, klein geschnitten: z.B. Paprika, Zucchini mit Schale, weiße Zwiebel, (wenig Knoblauch), Maiskörner, Karotten	
nach Belieben	verträglichen Kochschinken (ohne Hefeextrakt, Glutamat, Würze, E407)	
nach Belieben	Kräuter, frisch oder getrocknet: z.B. Rosmarin, Thymian, frisches Basilikum, Oregano oder Kräuter der Provence-Mischung; Salz ohne Jod / Fluor, (evtl. ganz wenig Pfeffer)	Zutaten nach Belieben gleichmäßig und dünn auf dem Teig verteilen Backen bei ca. 180 °C, zweite Rille von unten, ca. 30 bis 40 min
nach Belieben	Mozzarella oder Ziegenfrischkäse	

Material

Teigschaber, Backofen, Backblech, evtl. Backpapier

Variationen

Focaccia: Wenn man den Pizzaboden nur mit etwas Olivenöl bestreicht und ihn mit Salz und z.B. Rosmarin bestreut, ergibt das eine **Focaccia**, gut geeignet z.B. für einen Stehempfang (Apéro) oder für Feste.

Minipizza: Evtl. Teig aufteilen in mehrere kleine Stücke und die Fladen auf ein großes Blech legen

Strudelteig simpel, für Süßes oder Salziges

Rezept für 1 Strudelteig   Histaminose, laktosefrei

300 g	UrDinkelmehl, hell	in einer großen Teigschüssel vermischen
3 EL	Rapsöl	Gründlich mit den Händen kneten, bis der Teigklumpen gleichmäßig und elastisch ist
1 große Prise	Salz ohne Jod / Fluor	Wenn nötig ganz vorsichtig kleine Mengen zusätzliches Wasser beifügen und weiter kneten, bis er nicht zu trocken, aber auch nicht klebrig ist
1 große Prise	Zucker	1 h unter heiß ausgespülter Schüssel ruhen lassen
100-120 ml	Wasser	Währenddessen die Füllung zubereiten (siehe nachfolgende Seiten)
etwas	UrDinkelmehl	Backpapier von der Größe eines Backblechs / Küchentuch auf den Tisch legen, mit Mehl bestäuben

Teig auf dem bemehlten Backpapier oder Küchentuch möglichst dünn ausrollen, bis er ein wenig durchsichtig ist
Der Teig (bis 60 x 50 cm groß) darf dabei weit über das Backpapier hinausragen.
Die nicht zu flüssige und nicht zu heiße **Füllung (siehe nachfolgende Seiten)** auf dem Teig verteilen (rundherum mindestens 3 cm Rand freilassen) und sofort zusammenrollen. Die Enden der Teigrolle zudrücken und nach unten umschlagen, damit nichts auslaufen kann
Auf dem Backpapier auf ein Backblech legen. Zu lange Teigrollen können hufeisen- oder kreisförmig auf dem Backblech platziert werden.

1	Eigelb oder etwas Öl / Milch	Oberseite der Teigrolle mit einem Backpinsel oder von Hand bestreichen

Im Backofen bei 180 °C in der Ofenmitte ca. 45-55 min backen, je nach Füllung und Dicke

Material

Backofen, Backpapier, Nudelholz, evtl. sauberes Küchentuch

Variationen

Zusätzlich zwei Eigelb, dafür nur 100 ml Wasser in den Teig geben. Dann lässt er sich evtl. noch etwas dünner ausrollen.

Auf einem gut bemehlten Tuch (Küchentuch) ausrollen anstatt auf Backpapier

Krautstrudel mit Schinken

Rezept für 1 Strudelfüllung Histaminose, laktosefrei

500 g	Weißkohl = Weißkabis	mit dem Gemüsehobel fein hobeln. In einem Kochtopf mit wenig Wasser (oder in einer großen Schüssel in der Mikrowelle) ca. 5-10 min vorgaren
ca. 150 g	verträglicher Kochschinken (ohne Hefeextrakt, Glutamat, Würze, E407)	in kleine Stückchen schneiden beifügen
etwas	Salz ohne Jod / Fluor	darüber streuen
wenig	Kümmelsamen, Curcuma	mit den anderen Zutaten vermischen

Auf Strudelteig verteilen, einrollen und backen wie auf S. 171 beschrieben

Gemüsestrudel mit oder ohne Fleisch

Rezept für 1 Strudelfüllung Histaminose, laktosefrei

2-3 EL	Olivenöl	in Pfanne erhitzen
evtl. ca. 200 g	Geschnetzeltes: Huhn / Rind / Kalb / Schwein	im heißen Öl anbraten
½	weiße Zwiebel	
ca. 300 g	Gemüse nach Belieben, klein gehackt: Weißkohl, Zucchini, Paprika, Süßkartoffel, Maiskörner	beifügen Dünsten bis das Gemüse fast gar ist
etwas	Salz ohne Jod / Fluor	
nach Belieben	Küchenkräuter, Paprikapulver, (Pfeffer)	

Auf Strudelteig verteilen, einrollen und backen wie auf S. 171 beschrieben

Quarkstrudel

Rezept für 1 Strudelfüllung   Histaminose, laktosefreie Variante möglich

750 g	Quark	
1 EL	Zucker	
(1 Handvoll	Rosinen, ungeschwefelt!) / Cranberries	Alles in einer großen Schüssel vermischen
1 TL	Stärke	Auf Strudelteig verteilen, einrollen und backen wie auf S. 171 beschrieben
1	Apfel, gewürfelt	

Quarkbrötchen

Rezept für ca. 9-12 Brötchen   Histaminose, (laktosefrei und glutenfrei möglich)

250 g	Mager- oder Halbfettquark	
2	Eigelb	
2 EL = 30 g	Zucker	
(¼ Btl.	Vanillinzucker = ca. 2 g)	in einer Teigschüssel gut verrühren
1 Prise	Salz ohne Jod / Fluor	
250 g	UrDinkelmehl	beifügen und unterrühren
1 Btl.	Weinsteinbackpulver	Zu glattem Teig verarbeiten

Mit zwei Löffeln ungefähr 9-12 Häufchen auf das Blech setzen
In der Mitte des auf 200 °C (Umluft: 180 °C) vorgeheizten Ofens 15-20 min backen

etwas	Milch, Zucker, (Zimt)	Drei Minuten vor Backzeitende mit Milch (oder Wasser) bestreichen und mit etwas Zucker und Zimt bestreuen

Material

Backofen, Backblech, Backpapier, Backpinsel

Variationen

10 % des Mehls durch Maismehl oder Maisdunst ersetzen

Für die glutenfreie Variante nur Reis- oder Maismehl verwenden

Für Laktoseintolerante: laktosefreien Quark verwenden

Mürbeteig Grundrezept

Für 1 Springform oder Kuchenblech mit 26 cm Ø

Süße Variante Histaminose, (laktose- und glutenfreie Varianten möglich)

1 Teil | 100 g	Puderzucker	Die kalte Butter in Flocken schneiden und diese mit dem Puderzucker und dem Salz zwischen den Fingern verreiben
2 Teile | 200 g	Butter, kalt	
1 Prise	Salz unjodiert	
2	Eigelb	beifügen und mischen
3 Teile | 300 g	UrDinkelmehl	beifügen und den Teig rasch zusammenfügen Evtl. ganz wenig Wasser dazu, falls zu trocken Wichtig: Nicht kneten, nur zusammenfügen!

Teig 1 Stunde ruhen lassen, oder über Nacht im Kühlschrank, zugedeckt oder in Folie eingewickelt. Den gekühlten Teig je nach Rezept weiterverarbeiten

Salzige Variante Histaminose, (laktose- und glutenfreie Varianten möglich)

1 Teil (125 g)	Butter, kalt	Die kalte Butter in Flocken schneiden und diese mit den anderen Zutaten zwischen den Fingern verreiben
2 Teile (250 g)	UrDinkelmehl	
1 TL	Salz unjodiert	
80 ml	eiskaltes Wasser, oder 1 Eigelb und 2 EL kaltes Wasser	beifügen und den Teig rasch zusammenfügen. Nicht kneten. (Evtl. ganz wenig Wasser dazu, falls zu trocken.)

Teig 1 Stunde ruhen lassen oder über Nacht im Kühlschrank, zugedeckt oder in Folie eingewickelt. Den gekühlten Teig je nach Rezept weiterverarbeiten

Material

Backofen, Springform oder Kuchenblech

Variationen

Glutenfreie Variante: Dinkel ersetzen durch Reismehl oder ein anderes verträgliches glutenfreies Mehl. Der Teig wird dadurch aber deutlich krümeliger!

Laktosefreie Variante: Falls Butter nicht ausreichend laktosearm ist, kann man laktosefreie Butter oder Margarine ohne unverträgliche Zusatzstoffe verwenden.

Nach Belieben bzw. je nach Rezept können dem Teig auch Gewürze beigegeben werden. Z.B. (je nach individueller Verträglichkeit) Kardamom, Gewürznelke und Zimt für die süße Variante oder Kümmel, getrocknete Kräuter der Provence für die salzige Variante

Fruchtwähe, Obstkuchen

Rezept für 1 Springform mit 26 cm Ø Histaminose, (laktosefreie Variante möglich)

evtl. ca. 220 g	Maronenpüree, tiefgekühlt	auftauen lassen
ca. 450 g	Früchte/Beeren, frisch oder tiefgekühlt: z.B. Äpfel, Heidelbeeren, Kirschen, Sauerkirschen, Aprikosen, Pfirsiche, Johannisbeeren	frisches Obst in Scheiben oder Stücke schneiden
1 Portion	Mürbeteig, süß, gemäß Grundrezept auf S. 174	aus Kühlschrank nehmen ¼ h warm werden lassen

Teig in die mit Butter eingefettete Springform drücken. Der flache Boden eines Trinkglases oder ähnliches hilft beim Flachdrücken. So weit nach außen drücken, dass ein Teigrand von ca. 2½ cm Höhe entsteht

ca. 280 g	Mager- oder Halbfettquark	mit dem Maronenpüree in eine Schüssel geben
1-2 EL	Stärke	
(evtl. ¼ Btl.	Vanillinzucker = ca. 2 g)	Nach und nach so viel Sahne dazu geben, bis mit dem Schneebesen verrührbar, aber doch möglichst dickflüssig
evtl. etwas	Rahm / Sahne ohne Zusatzstoffe oder Milch	

Sämig schlagen und auf dem Teig verteilen. Genügend Platz für die Früchte lassen

Früchte gleichmäßig verteilt auf die Masse legen oder streuen und festdrücken

Tiefgekühlte Früchte oder Beeren werden im gefrorenen bis leicht angetauten Zustand aufgelegt.

Backen bei ca. 220 °C (Umluft: 200 °C), zweite Rille von unten, je nach Dicke 30-45 min. Nach dem Backen gut auskühlen lassen, erst dann aus der Form nehmen

Material

Teigschaber, Backofen, rundes Kuchenblech oder runde Springform, evtl. Schneebesen

Variationen

Maronenpüree kann auch weggelassen werden. Bei Laktose-Intoleranz die Milchprodukte durch laktosefreie Produkte oder durch wenig Wasser und zusätzliche Stärke ersetzen

Anmerkungen

Überschüssige Füllmasse kann für ein Dessert verwendet werden.

Gemüsewähe, Gemüsekuchen, Quiche

Rezept für 1 Springform mit 26 cm Ø — Histaminose

1 Portion	Mürbeteig, salzig, gemäß Grundrezept auf S. 174	aus dem Kühlschrank nehmen, 15 min warm werden lassen
etwas	Butter oder Olivenöl	Form einfetten, evtl. bemehlen

Teig in die Springform drücken. So weit nach außen drücken, dass ein Teigrand von ca. 2½ cm Höhe entsteht. Boden mit einer Gabel mehrfach einstechen, um Blasenbildung zu verhindern

Für die Füllung:

ca. 200 g	verträgliche Gemüse nach Belieben, je nach Saison: Zucchini, Broccoli, Blumenkohl, Karotten, Pastinaken, Paprika, weiße Zwiebel, Maiskörner, Kürbisse, Süßkartoffel	Gemüse waschen, vorbereiten, klein schneiden. Evtl. einige min vorgaren in einem Kochtopf mit wenig Wasser oder in der Mikrowelle
evtl. ca. 30 g	Kochschinken (ohne Geschmacksverstärker, Hefeextrakt, Glutamat, Würze, E407, nicht geräuchert)	in kleine Stücke schneiden

Für den Guss:

ca. 2 dl	Rahm / Sahne ohne Zusatzstoffe	
2	Eigelb	
½ TL	Salz ohne Jod / Fluor	Alles gründlich vermischen
evtl. etwas	Stärke	Gemüse auf dem Teig verteilen und Guss darüber gießen (oder das Gemüse zuerst mit dem Guss vermengen und erst dann auf dem Teig verteilen)
(evtl. wenig)	Pfeffer	
(evtl. wenig)	Muskatnuss	
nach Belieben	Küchenkräuter, frisch oder getrocknet	Backen bei ca. 220 °C (Umluft: 200 °C), zweite Rille von unten, je nach Dicke 30-50 min. Warm oder kalt servieren. Wird erst nach dem Erkalten richtig fest

Material

Backofen, rundes Backblech oder runde Kuchenform

Gemüsewähe mit Hähnchen- / Putenbrust

Rezept für 1 Springform mit 26 cm Ø Histaminose, (laktosefrei möglich)

1 Portion	Mürbeteig, salzig, gemäß Grundrezept auf S. 174	aus dem Kühlschrank nehmen 15 min warm werden lassen

Teig in die Springform drücken. Der flache Boden eines Trinkglases oder ähnliches hilft beim Flachdrücken.

Teig so weit nach außen drücken, dass ein Teigrand von ca. 2½ cm Höhe entsteht

Boden mit einer Gabel mehrfach einstechen, um Blasenbildung zu verhindern

ca. 200 g	Paprika, Broccoli oder andere verträgliche Gemüse nach Belieben, je nach Saison: Zucchini, Blumenkohl, Karotten, Pastinaken, Maiskörner, Kürbisse, Süßkartoffel	waschen, vorbereiten, klein schneiden. Evtl. einige min vorgaren in einem Kochtopf mit wenig Wasser oder in der Mikrowelle. Auf dem Teig verteilen
1-2 Stück	Hähnchen- / Putenbrust oder ca. 250 g Geschnetzeltes	in dünne Streifen schneiden und auf das Gemüse legen
ca. 100 g	geriebener Mozzarella	
nach Belieben	Küchenkräuter, frisch oder getrocknet	darüber streuen

Je nach Dicke ca. 30 min backen bei ca. 220 °C (Umluft: 200 °C), zweite Rille von unten

Warm oder kalt servieren

Material

Backofen, rundes Backblech oder runde Kuchenform

Gemüsewähe, schnell und einfach, fettreduziert

Rezept für ca. 25 x 38 cm große Ofenform   Histaminose, (laktosefrei möglich)

250 g	UrDinkelmehl	in einer Schüssel gründlich vermischen
½ Btl.*	Weinsteinbackpulver	
1 TL	Salz ohne Jod / Fluor	
150 g	Milch	beifügen

Von Hand gut zu einem geschmeidigen Teigklumpen verkneten
Auf einer bemehlten Arbeitsfläche mit dem Nudelholz dünn rechteckig ausrollen

wenig	Butter oder Öl	Form oder Blech gut einfetten und bemehlen
wenig	UrDinkelmehl	

Teig in die Form einpassen
Backofen vorheizen auf 220 °C (Umluft 200 °C)

ca. 500 g	geeignetes & verträgliches Gemüse: z.B. Kürbis / Zucchini / Paprika / Chicorée / weiße Zwiebel	vorbereiten Zerkleinern Auf dem Teig verteilen
evtl. ca. 50 g	Kochschinken (ohne Geschmacksverstärker, Hefeextrakt, Glutamat, Würze, nicht geräuchert, keine Konservierungsstoffe außer E250)	zerkleinern Auf dem Teig verteilen
evtl. 50-200 g	geriebener Mozzarella	
etwas	Salz ohne Jod / Fluor	
nach Belieben	Küchenkräuter, frisch oder getrocknet	darüber streuen

Je nach Dicke ca. 15-25 min in der Ofenmitte backen, ca. 220 °C (Umluft: 200 °C)
Warm oder kalt genießen

Material
Backofen, kleines Backblech oder ofenfeste Form

*) Btl.: Siehe Kapitel „Abkürzungen und Definitionen"!

Grieß-Quarkkuchen ohne Teigboden

Rezept für Springform mit 26 cm ⌀ Histaminose, (glutenfreie Varianten möglich)

wenig	Butter	Form einfetten
evtl. 2	Eigelb	in einer großen Schüssel mit dem Mixer verquirlen
3 EL	Milch	beifügen
200 g	Zucker	Zucker etwas auflösen lassen
(evtl. ½ Btl.*	Vanillinzucker)	
1 Prise	Salz ohne Jod / Fluor	Schaumig rühren
125 g	Dinkel-, Hirse-, Maisgrieß oder evtl. Reismehl	
750 g	Magerquark	beifügen, kurz mixen
3 dl	Rahm / Sahne ohne Zusatzstoffe	mit dem Mixer steif schlagen
Schlagsahne mit dem Teigschaber sachte unter die Quarkmasse ziehen		
(1 Handvoll	Rosinen, ungeschwefelt, ohne Konservierungsstoffe) oder 2 Handvoll Kirschen, Sauerkirschen, Apfelstückchen, Pfirsich	darüber streuen. Evtl. mit dem Schneebesen knapp unter die Oberfläche drücken

Quarkmasse in die Springform gießen

Im auf 180 °C vorgeheizten Ofen auf der zweituntersten Rille 60 min backen

Ofen ausschalten. Ofentür halb öffnen und weitere 30 min drin lassen. Nach dem Backen gut auskühlen lassen, erst dann aus der Form nehmen

Material

Backofen, runde Springform, Teigschaber, Mixer

Variationen

Evtl. etwas künstliches Rum-Aroma in die Quarkmasse geben

*) Btl.: Siehe Kapitel „Abkürzungen und Definitionen"!

Apfel-Früchtebrot, saftig

Rezept für 1 Kuchenform — Histaminose, laktosefreie Variante möglich

150 g	Aprikosen, getrocknet (ungeschwefelt, ohne Konservierungsstoffe)	zerkleinern
400 g	Äpfel	grob reiben
100 g	Zucker	
(1 EL	Lebkuchengewürz)	
(evtl. 150 g	Mandeln, gehackt oder grob gemahlen)	
150 g	Cranberries, getrocknet	
(evtl. 100 g	Rosinen ungeschwefelt, ohne Konservierungsstoffe)	Alle Zutaten bis auf das Mehl und das Backpulver in einer Schüssel gut vermischen
evtl. 1-3 EL	Williams Schnaps (oder Amaretto)	Zugedeckt über Nacht im Kühlschrank durchziehen lassen
250 g	UrDinkelmehl	Am nächsten Tag das Mehl gut mit dem Backpulver vermischen und anschließend mit der Fruchtmasse vermengen
1 Btl.*	Weinsteinbackpulver	
ganz wenig	Fett (z.B. Butter) zum Einfetten der Form	Teig in eine eingefettete und bemehlte oder antihaftbeschichtete Kuchenform füllen
wenig	UrDinkelmehl zum Bemehlen der Form	

Im vorgeheizten Backofen bei 180 °C ca. 1 Stunde backen

Material

Kuchenform, Küchenreibe (=Raffel)

Anmerkungen

Falls das Lebkuchengewürz zu sehr anregt oder die Mandeln den Schlaf beeinträchtigen, diese Zutaten weglassen oder das Früchtebrot nicht spät nachmittags oder abends konsumieren.

*) Btl.: Siehe Kapitel „Abkürzungen und Definitionen"!

Kirschen-Streuselkuchen

Rezept für Springform mit 26 cm Ø   Histaminose, (laktosefreie Variante möglich)

wenig	Butter	Form einfetten und mit
wenig	UrDinkelmehl	Mehl bestäuben

Streusel:

80 g	Zucker	
(1 TL	Zimt)	
1 Prise	Salz ohne Jod / Fluor	
115 g	Butter, geschmolzen	zu einem Teig vermengen
115 g	UrDinkelmehl	Beiseitestellen
75 g	feine Hafer-/ Hirseflocken	Ofen vorheizen auf 165 °C

Rührteig:

125 g	(saurer Halbrahm) oder Quark	
2	Eigelb	
85 g	Butter, weich	verrühren
(evtl. 1 TL	Vanillinzucker)	
120 g	UrDinkelmehl	gründlich vermischen
80 g	Zucker	Mit dem Eigelb-Quark-Gemisch zu einem Rührteig vermengen
½ TL	Backpulver	
½ TL	Natron	
1 Prise	Salz ohne Jod / Fluor	In die Form füllen
400 g	Kirschen, entsteint, frisch, tiefgekühlt oder aus dem Glas (falls ohne Konservierungs- und Farbstoffe)	gleichmäßig auf dem Teig verteilen

Streuselmasse gleichmäßig darüber krümeln. Kein Festdrücken nötig (zerfließt von selbst)

In der Ofenmitte bei 165 °C 50-55 min backen

Aus dem Ofen nehmen, abkühlen lassen, erst dann aus der Form lösen

etwas	Puderzucker	darüber stäuben

Material
Teigschaber, Backofen, Springform

Apfelkuchen

Rezept für Springform mit 26 cm Ø   Histaminose, (laktosefreie Variante möglich)

100 g	Butter, geschmolzen	
2	Eigelb	
4 EL	Rahm / Sahne ohne Zusatzstoffe	
200 g	Zucker	
(evtl. ¼ Btl.*	Vanillinzucker)	
100 g	UrDinkelmehl	
ca. ¼ Btl.*	Weinsteinbackpulver	
1 dl	Milch	der Reihe nach zu einem dickflüssigen Brei vermengen
(evtl. wenig	Zimtpulver)	
4	Äpfel	evtl. schälen, vierteln und in dünne Scheiben schneiden

Äpfel mit dem Teig vermischen

In eine mit Butter eingefettete und bemehlte Springform füllen

60 min auf der zweituntersten Rille bei 180 °C backen

Evtl. mit Backpapier abdecken, bevor er zu dunkel wird

Material

Backofen, Springform

*) Btl.: Siehe Kapitel „Abkürzungen und Definitionen"!

Heidelbeer-Muffins

Rezept für 1 Muffinbackblech à 12 Muffins Histaminose, laktosefreie Variante

Muffin-Blech mit Papierbackförmchen auslegen (oder wenn man keines hat: auf einem normalen Backblech drei Papierbackförmchen ineinander stellen)	
250 g UrDinkelmehl	
½ Btl.* Weinsteinbackpulver	
(evtl. ¼ Btl. Vanillinzucker)	
125 g Zucker	
1 Prise Salz ohne Jod / Fluor	gründlich mischen
100 g Heidelbeeren, frisch oder tiefgekühlt	vorsichtig untermengen
125 g Rapsöl oder Albaöl®	
1 Eigelb	in separatem Gefäß gut ver-
225-250 ml Milch / Molke S. 201 / Wasser	rühren

Erst jetzt die flüssigen und die trockenen Zutaten zusammenfügen und sorgfältig nur so kurz mischen wie unbedingt nötig

Den dickflüssigen Teig sogleich in die Backförmchen verteilen

Im vorgeheizten Ofen 20 min bei 190 °C backen

Material

Backofen, Muffin-Backblech oder Muffin-Backform, Papierbackförmchen

*) Btl.: Siehe Kapitel „Abkürzungen und Definitionen"!

Maroni-Torte

Rezept für 1 Form 26 cm Ø   Histaminose, glutenfrei, (laktosefrei möglich)

125 g	Butter
150 g	Zucker
5	Eigelb
(75 g	geriebene Mandeln)
400 g	Maronenpüree ohne unverträgliche Zutaten / Zusatzstoffe
50 g	Quark
1 TL	Natron
1 Btl.*	Weinsteinbackpulver
(evtl. ½ TL	Vanillinzucker)

insgesamt ca. 530 g Maronenpüree auftauen lassen (400 g + 130 g)
Butter leicht erwärmen
Alle Zutaten nach und nach schaumig rühren
Die Springform einfetten und mit (ggf. glutenfreiem) Mehl bestäuben
Backen: ca. 50 min bei 180 °C
Nach dem Erkalten entweder mit Puderzucker bestäuben oder eine Glasur zubereiten:

Für die Glasur

ca. 50 g	Butter
130 g	Maronenpüree
130-150 g	Puderzucker

Butter schmelzen und mit Puderzucker und Maronenpüree mischen
Die Torte mit der Glasur bestreichen

Material

Backofen, runde Kuchenform, evtl. Mehlsieb/Teesieb für den Puderzucker

Anmerkungen

Nur Maronenpürees ohne unverträgliche Zutaten / Zusatzstoffe verwenden! (In der Schweiz im Supermarkt-Tiefkühlregal erhältlich)

Mandeln können für einzelne leicht unverträglich sein. Bei Schlafproblemen nicht in der zweiten Tageshälfte konsumieren

Bei Laktose-Intoleranz laktosefreie Milchprodukte verwenden

*) Btl.: Siehe Kapitel „Abkürzungen und Definitionen"!

SIGHI-Rezeptsammlung – Backwaren

Linzertorte

Rezept für 1 Backblech   Histaminose, laktosefreie Variante möglich

550 g	UrDinkelmehl	
300 g	Butter, kalt!	
220 g	Melasse / Ahorn- / Reissirup / Flüssighonig	zu einem Mürbeteig vermengen
(220 g	gemahlene Mandeln, ungeschält)	(Falls zu trocken: so wenig Wasser / Milch / histaminfreien Rotwein wie nötig zufügen. Der Teig soll eher trocken sein, sich aber dennoch gut zusammenfügen lassen).
(3 EL	Zimtpulver)	
evtl. ½ Msp.	Nelkenpulver	
evtl. 4 EL	Mahlabkirschenpulver*	mindestens 1 Stunde zugedeckt im Kühlschrank oder an einem anderen kühlen Ort ruhen lassen
evtl. ganz wenig	Kardamom	
evtl. ½ Btl.*	Vanillinzucker	Teig anschließend kurz durchkneten

Zwei Drittel des Teiges mit dem Nudelholz auf Backpapier in der Größe des Backbleches ausrollen. Samt Backpapier auf das Backblech transferieren

Etwas Teig vom letzten Drittel entnehmen, eine dünne Schlange rollen und damit den Teig auf dem Backblech umranden. Zum Abdichten gut festdrücken, so dass die Konfitüre beim Backen nicht ausläuft

Backofen vorheizen (180 °C mit Umluft, 200 °C ohne Umluft)

750 ml ≈ 2 Gläser	Konfitüre aus verträglichen Früchten	(z.B. Sauerkirsche, Johannisbeergelee, Heidelbeere) auf den Teigboden streichen

Mit dem restlichen Teig ein diagonales Gitternetz oder einfach nur diagonale Streifen auf die Konfitüre legen, je nachdem, wie es mit der Teigmenge aufgeht

20-25 min in der Ofenmitte backen bei 200 °C (Umluft: 180 °C)

In kleine Schnitten von ca. 3 x 6 cm schneiden

Material

Nudelholz, Backpapier, Backblech, Backofen

Anmerkungen

Die Linzertorte wird noch besser, wenn man sie 1-3 Tage stehen lässt.

*) Btl.: Siehe Kapitel „Abkürzungen und Definitionen"!

Um die Kernchen der traditionell verwendeten, aber schlecht verträglichen Himbeerkonfitüre zu imitieren: Vor dem Auftragen der Konfitüre eine Handvoll Chia-Samen (Salvia hispanica) aus dem Reformhaus auf den Teig streuen. Reich an Omega-3-Fettsäuren, Proteinen, Vitaminen, Antioxidantien und Mineralien.

*) Mahlabkirschenpulver findet man "beim Türken um die Ecke". Es heißt auch Mahleb, Mahlep o.ä. Das ist der Keimling aus dem Kern der Felsenkirsche, zu einem hellbeigen Pulver zermahlen. Diese fakultative Gewürzzutat aus dem asiatischen Raum verleiht vielen Backwaren ein spezielles Aroma.

Heidesand-Plätzchen

Rezept für 1 Backblech   Histaminose

125 g	Butter	im Kochtopf bei mittlerer Hitze leicht bräunen
		Abkühlen lassen und beim Festwerden cremig rühren
125 g	Zucker	
(½ Btl.*	Vanillinzucker)	
1 Prise	Salz ohne Jod / Fluor	allmählich beifügen und schaumig rühren
½ EL	Milch	
180 g	UrDinkelmehl oder Reismehl	beifügen und zu einem Teig kneten
		Eine Rolle mit ca. 5 cm Durchmesser formen

Mit Klarsichtfolie umhüllt im Kühlschrank hart werden lassen

5 mm dicke Scheiben schneiden und bei 200 °C (Umluft: 180 °C) in der Ofenmitte 10-15 min hellbraun backen. Heidesand wird erst nach dem Abkühlen fest.

Material

Backofen, Backpapier, Backblech

*) Btl.: Siehe Kapitel „Abkürzungen und Definitionen"!

Sablés mit Zimtrand

Rezept für 1 Backblech   Histaminose, laktosearm, (glutenfrei möglich)

150 g	Butter	schaumig (weich und glatt) rühren
50 g	Zucker	
(½ Btl.*	Vanillinzucker)	mit der Butter vermischen und die Masse tüchtig rühren
⅓ TL	Salz ohne Jod / Fluor	
220 g	UrDinkelmehl oder Reismehl	beifügen und zu einem Teig kneten Teig ½ h ruhen lassen
evtl. einige	Macadamia-Nüsse, zerkleinert	Zwei Rollen mit ca. 4 cm Durchmesser formen
etwas	Kristallzucker	Teigrollen in einer Mischung aus Zucker, Vanillin, Salz und Zimt wenden Ca. 1h kalt stellen
je 1 Prise	(Zimt), unjodiertes Salz, Vanillinzucker	

5 mm dicke Scheiben schneiden und bei 200 °C (Umluft: 180 °C) in der Ofenmitte 10-15 min hellbraun backen. Der Zucker am Rand soll leicht karamellisieren.

Material

Backofen, Backpapier, Backblech

*) Btl.: Siehe Kapitel „Abkürzungen und Definitionen"!

Haferflocken-Kekse

Rezept für ca. 70 Stück   Histaminose

250 g Butter, weich	rühren, bis sich Spitzchen bilden
250 g Rohrzucker	beifügen
(evtl. ½ Btl*. Vanillinzucker)	Sämig rühren
1 Eigelb	
1 EL Rahm / Sahne ohne Zusatzstoffe	beifügen Weiter rühren
250 g Haferflocken, fein	miteinander vermischen
100 g UrDinkelmehl	Zur Masse geben und kurz vermengen

Mit einem Löffel kleinere Häufchen auf ein mit Backpapier belegtes Blech geben. Genügend Abstand halten, da die Masse auseinanderfließt

Im auf 175 °C vorgeheizten Backofen ca. 25 min backen. Die Ränder sollten gut gebräunt sein. Auf einem Gitter gut auskühlen lassen

Material

Backofen, Backblech, Backpapier

*) Btl.: Siehe Kapitel „Abkürzungen und Definitionen"!

Spitzbuben

Rezept für 1 Backblech   Histaminose, laktosearm, glutenfreie Var. möglich

250 g	Butter, weich	rühren, bis sich Spitzchen bilden
125 g	Puderzucker	
1 Prise	Salz unjodiert	
1 TL	Vanillinzucker	
1	Eigelb	mit der Butter vermischen und weiter rühren
300 g	UrDinkelmehl hell oder Reismehl	mischen Zur Buttermasse geben und zu einem Teig zusammen-
2 EL	Stärke	fügen (nicht kneten)

Teig in Klarsichtfolie wickeln, mindestens 1 Stunde kühl stellen
Auf einer mit Mehl bestäubten Fläche 2-3 mm dünn ausrollen
Mit einer geeigneten Form Kreise mit 5-8 cm Durchmesser ausstechen
Bei der Hälfte der Kreise (sie dienen später als Deckel, die andere Hälfte als Böden) mit einer kleinen Weihnachtsplätzchenform Löcher / Figuren ausstechen
Auf ein mit Backpapier belegtes Backblech legen und kühl stellen
Ofen auf 200 °C vorheizen, 7-10 min in der Ofenmitte backen, herausnehmen, auskühlen lassen

75 g	Puderzucker	Deckel bestäuben (oder glasieren, siehe unten)
250 g	Johannisbeergelee	erwärmen und je 1 TL Gelee auf die Böden streichen Deckel sorgfältig aufsetzen

Material

Backofen, Backpapier, Backblech, evtl. Backpinsel für die Glasur

Variationen

Mit Puderzucker glasieren anstatt bestäuben

Glasur:
75 g Puderzucker nach und nach mit 1 EL Flüssigkeit mischen. Je mehr Flüssigkeit beigefügt wird, umso dünner lässt sich die Glasur auftragen. Als Flüssigkeit eignen sich:

- etwas **Granatapfel**, zu Saft gepresst (durch ein Teesieb drücken)
- **Verjus** (Saft unreifer Trauben)
- **Apfelsaft**
- (Wasser mit 1 Msp. **Ascorbinsäurepulver (reines Vitamin C)**)

Mailänderli, Butterplätzchen

Rezept für ca. 500 g Teig   Histaminose, (glutenfreie Variante möglich)

125 g	weiche Butter	rühren, bis sich Spitzchen bilden
1	Eigelb	
½ dl	Rahm / Sahne ohne Zusatzstoffe	
125 g	Zucker	
1 Prise	Salz ohne Jod / Fluor	beifügen Rühren, bis die Masse hell ist
250 g	UrDinkelmehl oder Reismehl	beifügen Zu einem Teig vermengen

Zugedeckt mindestens 1 Stunde kühl stellen

Möglichst kühl weiterverarbeiten. Soweit nötig kurz bei Zimmertemperatur warm werden lassen

Teig ca. 6 mm dick ausrollen und Formen ausstechen

Auf das mit Backpapier ausgelegte Backblech legen

1	Eigelb	verklopfen
1 TL	Wasser	Oberseite der Teigplätzchen bestreichen

In der Ofenmitte 10-15 Minuten bei 200 °C backen

Material

Nudelholz, Plätzchenformen, Backofen, Backblech, Backpapier, Backpinsel

Desserts, Süßspeisen

Maroni-Vermicelles mit Schlagrahm und Früchten

Rezept für 2 Portionen Histaminose, glutenfrei, (laktosefreie Variante möglich)

ca. 200-400 g	verträgliche Früchte, frisch oder tiefgekühlt, z.B. Äpfel / Kirschen / Heidelbeeren / Melonen / (Trauben) / Fruchtsalat S. 197 / Kompott S. 198	gegebenenfalls entkernen und in Stücke schneiden In die Dessertschälchen oder Tellerchen verteilen
ca. 400-600 g	Maronenpüree, tiefgekühlt (ohne unverträgliche Zutaten)	im Kühlschrank ca. 2 h auftauen lassen Mit der Vermicelles-Presse spaghettiförmig über die Früchte pressen
4 dl	Vollrahm / Sahne ohne Zusatzstoffe	kühlschrankkalt mit dem Mixer steif schlagen oder flüssig verwenden Darüber geben

Material

Vermicelles-Presse

Für die Schlagsahne: Schneebesen / Mixer / Schüttelbecher

Variationen

Früchte nach Belieben entweder ganz lassen oder zerdrücken, roh verwenden oder kurz aufkochen, heiß servieren oder abkühlen lassen

Sehr saure Früchte evtl. mit etwas Zucker süßen

Garnieren mit einzelnen ganzen Beeren, mit Fruchtstücken oder mit einem Blatt Zitronenmelisse oder Pfefferminze

Laktosefreie Variante: Rahm weglassen oder laktosefreien Rahm verwenden

Zimt-Äpfel

Rezept für 4 Portionen Histaminose, glutenfrei, laktosefrei

2	Äpfel, säuerliche Sorte	Äpfel ungeschält in kleine Würfel schneiden (Kerngehäuse entfernen)
1 Handvoll	(Rosinen, ungeschwefelt, ohne Konservierungsstoffe) oder Cranberries getrocknet	In der Bratpfanne kurz in wenig Butter andünsten
ca. 4 EL = 40 g	Butter	
etwas	Zucker	
(ganz wenig	Zimt)	
(1 Prise	Vanillinzucker)	
evtl. wenig	Saft vom Granatapfel oder Verjus	Abschmecken Warm oder kalt servieren

Variationen

Mit Rahmquark und Minzenblättern garnieren

Dazu verträgliche Crème Caramel (S. 194) und Mürbeteiggebäck: Sablés (S. 187)

Crumble, Kompott mit Streuseln überbacken

Rezept für 4 Portionen Histaminose, laktosearm, glutenfreie Variante möglich

ca. 400-600 g	Äpfel / Pfirsiche / Nektarinen, Brombeeren / Heidelbeeren	Feuerfeste Form mit Schnitzen / Beeren füllen (ca. 3-5 cm hoch)
100 g	UrDinkel- oder Reismehl	Mehl und Zucker gut vermischen
100 g	Zucker	Mit der Butter zu Krümeln zerreiben
75 g	Butter	Diese Streusel über die Früchte verteilen

Im auf 180 °C vorgeheizten Ofen in der Ofenmitte ca. 20 min goldbraun backen

Material

Feuerfeste Form

Variationen

Streusel zusätzlich mit Hafer- / Hirseflocken verfeinern

Auch für Streuselkuchen verwendbar

Crème Caramel, Karamellpudding

Rezept für 7½ dl, ca. 4 Portionen Histaminose, glutenfrei, (laktosefreie Variante)

evtl. 1-2	Eigelb	
1 dl	Milch oder Sahne ohne Zusatzstoffe	Je nach gewünschter Festigkeit: ▪ 25 g Stärke ohne Eigelb für eine Crème ▪ 40-50 g Stärke mit Eigelb für Pudding
1 Prise	Salz unjodiert	In einer kleinen Schüssel gut vermischen
25-50 g	Maisstärke	Beiseite stellen
1 dl	Wasser	heiß machen, bereit stellen
100-150 g	Zucker	In einem großen Kochtopf bei mittlerer Hitze ohne Umrühren erwärmen bis der Zucker geschmolzen und goldbraun geworden ist

Sofort mit 1 dl heißem Wasser ablöschen (Vorsicht: heißer Dampf steigt auf!) Weiter köcheln lassen, bis sich das meiste Karamell aufgelöst hat

5 dl	Vollmilch	zum Karamell gießen und unter ständigem Umrühren aufkochen

Einen kleinen Teil der heißen Karamellmilch unter stetigem kräftigem Umrühren zum kalten Eigelb-Rahm-Stärkegemisch gießen und alles zurück in den Kochtopf gießen

Unter ständigem Rühren kurz aufkochen bis die Crème fest wird

Sofort in kleine Schalen abfüllen

Abkühlen lassen, danach mindestens 2 Stunden in den Kühlschrank stellen

Material

Schneebesen, 4 kleine Schälchen

Anmerkungen

Nie abgeleckte Finger / Löffel / Kellen in die Creme stecken! Schon kleinste Speichelspuren können die Stärke enzymatisch zersetzen, so dass die Creme nicht richtig fest wird.

Geschmolzener Zucker ist sehr heiß und klebrig. Nur Holzkellen, nie Kunststoff verwenden oder noch besser gar nicht umrühren.

Zu dunkel gebräuntes Karamell wird bitter.

Bei Laktoseunverträglichkeit laktosefreie Milch verwenden

Quarkcrème mit Honig

Rezept für 4 Portionen Histaminose, glutenfrei, laktosefreie Variante möglich

500 g	Halbfettquark	
4 TL	Honig, flüssig / Ahornsirup / Agavendicksaft / Zucker	
(½ Btl.	Vanillinzucker = ca. 4 g)	gründlich verrühren
2	Äpfel / Kaki / Pfirsiche, oder Heidelbeeren / Stachelbeeren / Cassis / Johannisbeeren / Jostabeeren	Große Früchte halbieren und in Scheiben geschnitten auf zwei Dessertteller anrichten
Quarkcreme beifügen (evtl. in einem separaten kleinen Gefäß auf den Teller stellen)		
(evtl. 2 EL	Mandelscheibchen)	in der Bratpfanne kurz rösten, bis sie leicht bräunlich sind Über die Creme streuen
evtl. wenig	Kokosraspel	über die Frucht streuen

Milchreis

Rezept für 2-4 Portionen Histaminose, glutenfrei, laktosefreie Variante möglich

1 Liter	Milch, ggf. laktosefrei	
(evtl. ¼ Btl.	Vanillinzucker, ca. 2 g)	unter Umrühren zum Kochen bringen
½ TL	Salz ohne Jod / Fluor	würzen
evtl. 2 EL=20 g	Butter oder Albaöl®	beifügen
150 g	Rundkornreis: z.B. Originario, Camolino	einrühren
Bei kleiner Hitze zugedeckt 30-40 min köcheln lassen. Gelegentlich umrühren		
ca. 2 EL	Zucker	nach dem Kochen einrühren, darüber streuen oder separat dazu servieren
(etwas	Zimtpulver)	

In Teller / Schale anrichten, mit Zucker und Zimt bestreuen und mit Fruchtkompott (S. 198) heiß oder kalt genießen

Geeignet als Frühstück, Hauptmahlzeit, Zwischenmahlzeit oder Nachtisch

Grießbrei

Rezept für 2-4 Portionen   Histaminose

1 Liter	Milch
2-5 EL = 25-75 g	Zucker (nach Belieben)
1 Prise	Salz ohne Jod / Fluor
evtl. 3 EL = 30 g	Butter oder Albaöl®
(evtl. ¼ Btl.	Vanillinzucker = ca. 2 g)
nach Belieben	verträgliche Dörrfrüchte, ungeschwefelt, ohne Konservierungsstoffe: Cranberries / Datteln / Aprikosen / (Rosinen)
(evtl. 1 EL	gemahlene Mandeln)
(1 Prise	Zimtpulver)

unter Umrühren zum Kochen bringen

100-160 g	Dinkelgrieß oder Hirsegrieß (Reformhaus)	einrühren

Unter ständigem Rühren kurz aufkochen, Hitze reduzieren

Auf niedriger Stufe unter gelegentlichem Rühren noch einige Minuten ziehen lassen

In Teller / Schale anrichten, mit Zucker und Zimt bestreuen und mit Fruchtkompott (S. 198) heiß oder kalt servieren

Variationen

Grießköpfli: 160 g Grieß pro Liter Milch verwenden. In einer Schale oder in kleinen Förmchen fest werden lassen und dann auf einen Teller stürzen wie Pudding.

Fruchtsalat

Rezept für 4 Portionen Histaminose, (laktosefreie Variante möglich)

ca. 350 g	verträgliche Früchte: z.B. Äpfel, Melone, (kernlose Trauben), Kaki, Nektarinen	in kleine Stücke schneiden
1 Dose	Pfirsichhälften mit Saft	
1 Handvoll	getrocknete Cranberries (oder Rosinen, ungeschwefelt, ohne Konservierungsstoffe)	
1 Schuss	Ahornsirup	dazu mischen
(evtl. 1 Msp.	Ascorbinsäurepulver = Vitamin C, Apotheke)	Einige Zeit im Kühlschrank stehen lassen
(evtl. 1 EL	Williams oder Kirsch)	je nach Verträglichkeit, zum Verfeinern

Material
Dosenöffner

Variationen
Mit Mandelstiften / Mandelscheibchen bestreuen (sofern verträglich, evtl. leicht in der Pfanne angeröstet)
Mit Quark vermischen
Als Müsli mit Hirse- / Dinkel- / Haferflocken und Milch oder Quark servieren

Weiße Schokomousse

Rezept für ca. 4 Personen Histaminose, glutenfrei

2 dl	Rahm / Sahne ohne Zusatzstoffe	erwärmen
(100 g	weiße Schokolade)	darin schmelzen

Während 5 min unter ständigem Umrühren bis dicht an den Siedepunkt erhitzen, ohne dass es kocht. Abkühlen lassen. Mehrere Stunden in den Kühlschrank stellen (z.B. über Nacht)
Die kühlschrankkalte Flüssigkeit mit dem Mixer steif schlagen und kühl servieren

Anmerkungen
Kakao ist unverträglich. Weiße Schokolade wird aber meist recht gut vertragen.

Fruchtkompott

Rezept für 4 Portionen　　　　　　　　　　Histaminose, laktosefrei, glutenfrei

1 dl	histaminfreier Wein oder Traubensaft	
ca. 3 EL = 50 g	Zucker oder Gelierzucker	
(evtl. etwas	Zimtpulver oder Zimtstange)	aufkochen
1 EL	Stärke mit 2 EL Wasser	anrühren, unter Rühren in die Weinsauce geben, aufkochen
ca. 250 g	verträgliche Fruchtsorte: z.B. Kirschen, Sauerkirschen, Äpfel, Litschis, Brombeeren, Heidelbeeren, Stachelbeeren, Johannisbeeren, Cassis	beifügen, kurz an den Siedepunkt bringen, dabei Topf leicht schwenken, auskühlen lassen

Dulce de leche, Milchkaramellpaste

Rezept für ca. 2 kl. Konfitürengläser　　Histaminose, glutenfrei, laktosefrei möglich

250 g	weißer Kristallzucker	im Kochtopf bei mittlerer Hitze goldbraun werden lassen (karamellisieren)
5 dl	Milch	Karamell ablöschen (Vorsicht: heißer Dampf!)
(¼ Btl.	Vanillinzucker)	beifügen

Kräftig sieden (ohne Anbrennen, ohne Überkochen), bis die Karamellmilch nach ca. 45 min anfängt, dickflüssig zu werden. Verwendung als Brotaufstrich, Tortenfüllung, Süßigkeiten

Material

Ideal: große hohe keramikbeschichtete Bratpfanne. Im großen Kochtopf gelingt es auch gut, brennt aber leichter an. In Pfannen mit dunkler Teflon-Beschichtung kann man die Bräunung des Zuckers schlecht sehen und das Teflon kann sich bei Überhitzung zersetzen.

Variationen

Einen Teil der Milch durch Sahne (ohne Zusatzstoffe) oder wenig Butter ersetzen

Maroni, gekocht

Rezept für 1-4 Port. (je nach Verwendung)　　Histaminose, glutenfrei, laktosefrei

ca. 250-300 g	Tiefkühlmaroni, geschält	gefroren in einen kleinen Kochtopf geben Mit Wasser bedecken, aufkochen
etwas	Wasser	Zugedeckt bei kleiner Hitze bissfest garen (ca. 5-10 min)

Geeignet als Frühstück, für Zwischenmahlzeiten oder als Beilage / Garnitur zu Gerichten oder Desserts. Die Früchte der Edelkastanie / Esskastanie nennt man je nach Region Kastanien, Keschte, Maronen, Maroni oder Marroni.

Maroni, glasiert

Rezept für 4 Portionen　　Histaminose, glutenfrei, laktosearm

2 EL = 20 g	Butter	
2 EL = 30 g	weißer Kristallzucker	
wenig	Wasser	
1 Prise	Salz ohne Jod / Fluor	im Kochtopf erhitzen
ca. 300 g	Maroni, gekocht	beifügen (wie oben oder vorgegart kaufen) Unter gelegentlichem Rühren eindünsten

Maroni, karamellisiert

Rezept für 4 Portionen　　Histaminose, glutenfrei, laktosefrei möglich

100 g	weißer Zucker	im Kochtopf bei mittlerer Hitze hellbraun werden lassen (karamellisieren)
1 dl	Wasser	Sofort ablöschen (Vorsicht, es kann spritzen und heißer Dampf steigt auf!)
ca. 300 g	Maroni tiefgekühlt	beifügen, ca. 10 min köcheln lassen
evtl. bis 40 g	Butter	beifügen

1 Prise Salz beifügen. Weitere 5 min ohne Deckel dickflüssig eindampfen lassen
Variante: Vorgegarte Maroni erst gegen Ende zum gelösten Karamell geben
Dazu passt z.B. Rotkohl (S. 115).

Beeren-Sahneeis ohne Eismaschine, eifrei

Rezept für ca. 6 Portionen Histaminose, glutenfrei, laktosefrei möglich

100 g	Puderzucker	vermischen (kleine Klumpen sind kein Problem) Mindestens 30 min in den Tiefkühler stellen
1 dl	Cranberry-Nektar (ohne künstliche Süßstoffe) oder Apfelsaft	
4 dl	Vollrahm / Sahne (ohne Zusatzstoffe), kühlschrankkalt	in einem hohen Gefäß mit dem Mixer steif schlagen
300 g	Tiefkühl-Beeren, eine geeignete und verträgliche Sorte: z.B. Heidelbeeren, Brombeeren, Kirschen, Sauerkirschen, Cassis, Johannisbeeren	mit der Puderzucker-Nektar-Mischung aus dem Tiefkühler holen und sofort tiefgefroren miteinander vermengen

Einen Teil der steif geschlagenen Sahne zu den gezuckerten Beeren geben

Mixen mit Pürieraufsatz, sobald die Früchte nicht mehr pickelhart sind

Restliche Sahne dazu geben und nochmals kurz mixen

Wenn die Zutaten kalt genug sind und man beim Zubereiten schnell genug ist, erhält man ein halb gefrorenes Softeis, das sofort serviert werden kann.

Ansonsten mindestens 4 Stunden in den Tiefkühler stellen

Vor dem Servieren etwas antauen lassen, bis es weich genug zum Portionieren ist

Material

Mixer mit Rühraufsatz und Pürieraufsatz, zwei hohe Gefäße, Tupperware-Gefäße, Tiefkühler oder Gefrierfach

Variationen

Garnieren mit ein paar Minzen- oder Melissenblättern und ein paar ganzen Beeren, evtl. in Zucker gewendet

Laktosefreie Variante: laktosefreie Sahne verwenden oder ein Sorbet ohne Milchprodukte herstellen

Schnell und einfach: Gefrorene Beeren oder andere gefrorene Fruchtstückchen mit ein wenig kalter Sahne (ohne Zusatzstoffe) und evtl. etwas Zucker pürieren und sofort servieren oder einfrieren

Panir, tofuartiger Frischkäse ohne Reifung

Rezept für ca. 150 g Histaminose, glutenfrei, laktosefreie Variante möglich

1 Liter	Milch	aufkochen
2½ dl	Cranberry-Nektar mit ca. 25-30 % Fruchtanteil (ohne künstliche Süßstoffe)	dazu gießen nochmals kurz aufkochen

Die Milch gerinnt wegen der Säure und scheidet sich idealerweise in eine klare Molke und Flocken oder Klumpen aus Milchprotein.

Ein sauberes Küchentuch gründlich mit kaltem Wasser spülen und auswinden, um Waschmittelrückstände und -duftstoffe zu entfernen

Tuch in ein Sieb legen und die geronnene Milch filtrieren

Die **Molke** in einer Schüssel auffangen und als Getränk verwenden

Käseklumpen mit kaltem Wasser abspülen, um ihn abzukühlen und den Fruchtgeschmack loszuwerden. Nach Belieben salzen

Käseklumpen im Tuch pressen, indem man dieses sehr kräftig verdreht. Während der Lagerung gewinnt der Klumpen dann noch zusätzlich an Festigkeit.

In Klarsichtfolie verpackt im Kühlschrank aufbewahren und innerhalb von 2-3 Tagen konsumieren

Material

Passiersieb oder Salatsieb, sauberes Geschirrtuch

Variationen

Soll der Panir (englisch: Paneer) noch fester werden, beschwert man ihn im Tuch nach dem Pressen während 2 Stunden mit einem Gewicht.

Kann kalt als Käse serviert oder in Salate gemischt werden, oder wie Tofu in Würfel oder Scheiben geschnitten und gebraten oder gekocht werden. Beim Kochen vorsichtig umrühren, damit er nicht zerfällt

Anhang

Saisontabelle verträgliche Gemüse Schweiz

	Jan	Feb	Mrz	Apr	Mai	Jun	Jul	Aug	Sep	Okt	Nov	Dez
Artischocke								X	X	X		
(Bärlauch)			X	X								
Blumenkohl					X	X	X	X	X	X	X	
(Buschbohne)							X	X	X	X		
Broccoli, Brokkoli						X	X	X	X	X	X	
Chicorée	X	X	X	X					X	X	X	X
Chinakohl	X	X	X	X		X	X	X	X	X	X	X
Eisbergsalat					X	X	X	X	X	X		
Eichblattsalat					X	X	X	X	X	X		
Endiviensalat						X	X	X	X	X	X	
Feldsalat, Nüsslisalat	X	X	X	X	X	X	X		X	X	X	X
Fenchel						X	X	X	X	X	X	
Gurke, Salatgurke					X	X	X	X	X	X		
Karotte, Möhre	X	X	X	X	X	X	X	X	X	X	X	X
Kartoffel, Früh-						X	X	X				
Kartoffel	X	X	X	X	X	X	X	X	X	X	X	X
(Knoblauch)	X	X	X				X	X	X	X	X	X
Kopfsalat				X	X	X	X	X	X	X		
Kürbisse, div. Sorten	X	X	X					X	X	X	X	X
Mais: Zuckermais							X	X	X	X		
Pak Choi					X	X	X	X	X	X		
Paprika, Peperoni							X	X	X	X		
Pastinaken	X	X	X	X					X	X	X	X
Petersilie	X	X	X	X	X	X	X	X	X	X	X	X
Petersilienwurzel	X	X	X	X					X	X	X	X
Radieschen			X	X	X	X	X	X	X	X		
Rettich: Bierrettich							X	X	X	X		
Rote Bete, Randen	X	X	X	X	X	X	X	X	X	X	X	X
Rotkohl, Blaukabis	X	X	X			X	X	X	X	X	X	X
Salat, Blattsalate				X	X	X	X	X	X	X		
(Schnittlauch)				X	X	X	X	X	X	X		
Schwarzwurzel	X	X	X	X					X	X	X	X
Sellerie, Knollen-	X	X	X	X	X	X	X	X	X	X	X	X
Sellerie, Stangen-						X	X	X	X	X	X	
Spargel				X	X	X						
Topinambur	X	X	X	X					X	X	X	X
Weißkohl, -kabis	X	X	X	X	X	X	X	X	X	X	X	X
Zucchini, Zucchetti					X	X	X	X	X	X		
Zuckerhut									X	X	X	X
Zwiebel, weiße	X	X	X	X	X	X	X	X	X	X	X	X
	Jan	Feb	Mrz	Apr	Mai	Jun	Jul	Aug	Sep	Okt	Nov	Dez

Saisontabelle verträgliche Früchte Schweiz

	Jan	Feb	Mrz	Apr	Mai	Jun	Jul	Aug	Sep	Okt	Nov	Dez
Äpfel, Frühsorten						■	■	■				
Äpfel, Herbstsorten								■	■	■		
Äpfel, Lagersorten	■	■	■	■	■					■	■	■
Aprikosen							■	■				
Brombeeren							■	■	■			
Cassis							■	■				
Feigen								■	■	■		
Heidelbeeren							■	■	■			
Johannisbeeren							■	■				
Jostabeeren							■	■				
Kirschen						■	■					
Maronen, Maroni	■	■							■	■	■	■
Nektarinen							■	■	■			
Pfirsiche							■	■	■			
Sauerkirschen							■					
Stachelbeeren							■	■				
(Trauben)								■	■	■		
	Jan	Feb	Mrz	Apr	Mai	Jun	Jul	Aug	Sep	Okt	Nov	Dez

Die Saisontabellen zeigen die durchschnittliche Verfügbarkeit (Ernte und Lager) aus Anbau im Freiland oder unter ungeheizten Plastikhochtunnels in der Schweiz und angrenzenden Gebieten (grün: verfügbar, weiß: nicht verfügbar). Je nach Witterungsverlauf kann sich die Saisonalität in manchen Jahren nach vorne oder hinten verschieben. Auf Herkunftsangabe achten.

Saisonal einkaufen

Kaufen Sie wenn möglich einheimisches Saisongemüse. Das ist erstens umweltschonender und zweitens ist es schmackhafter, vitaminreicher und gesünder als Gemüse, welches lange Transportwege zurückgelegt hat oder in der falschen Jahreszeit nur im Treibhaus dank Beheizung, Kunstlicht, Kunstdünger und hohem Pestizideinsatz gedeihen kann.

Zur Überbrückung der kargen Wintermonate können Sie auf Tiefkühlfrüchte und Tiefkühlgemüse zurückgreifen. Bezüglich des Vitamingehaltes sind diese gegenüber Konserven und Eingemachtem zu bevorzugen.

Für die abwechslungsreiche und ausgewogene Ernährung darf man sich hin und wieder auch mal Importware gönnen. Wenn möglich aus den Nachbarländern, im Freiland produziert und nicht mit dem Flugzeug eingeflogen.

Corrigendum

Um Ihr Exemplar nachträglich an den aktuellen Stand des Wissens anpassen zu können und um etwaige Fehler korrigieren zu können, führen wir auf der folgenden Internetseite ein Corrigendum:

www.histaminintoleranz.ch/downloads/corrigendum_rezepte2-2020.pdf

Anregungen und Fehler melden Sie bitte per E-Mail an die Kontaktadresse auf der Website www.histaminintoleranz.ch. Auch weitere Rezeptideen werden gerne entgegengenommen.